AF599509

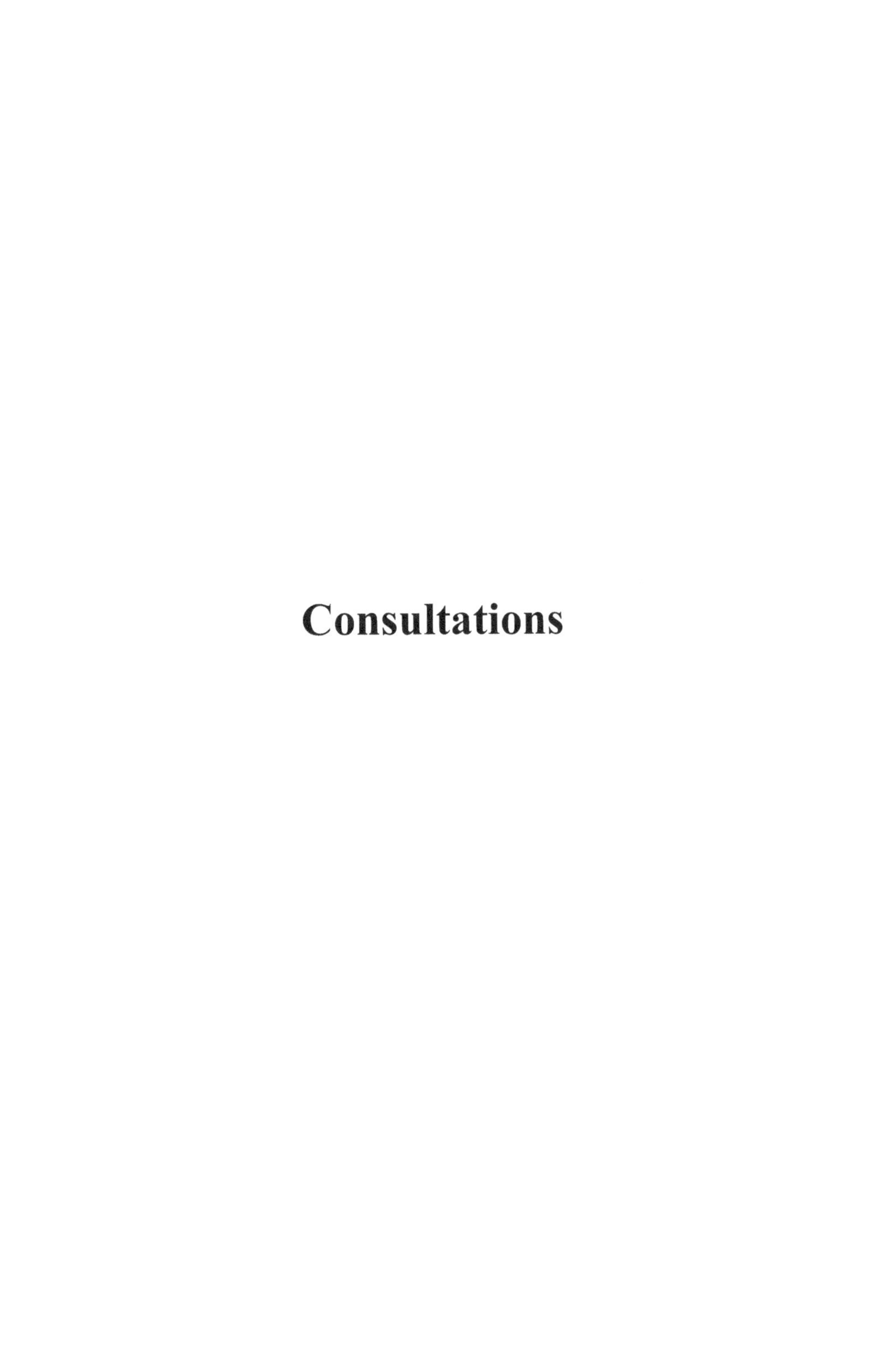

Consultations

Elsa Krim

Consultations

Théâtre

ISBN : 979-10-422-1445-6

À mes filles chéries, Neyla et Elise ;

À mes parents, ma sœur Channez ;

À Stéphan.

À mes Professeurs de médecine bordelais ;

Au Dr Bruno B ;

À mes patients.

Préface

Olivier Lejeune est un acteur, humoriste, animateur de télévision, formateur, metteur en scène et dramaturge français. Il a joué au théâtre dans plus de 50 pièces, récemment de Sacha Guitry (« Mémoires d'un tricheur », « Une folie »), mais aussi dans ses propres pièces (« Le bouffon du Président », « Tout bascule », « Dévorez-moi »). Il joue actuellement sa dernière création : « Un culot monstre ».

J'ai rencontré Elsa, originaire du Sud-Ouest, à Laruns (64) en novembre 2022 à la sortie de la pièce que je jouais « 60 jours de prison », adaptation théâtrale du récit de Sacha Guitry relatant son incarcération arbitraire de deux mois à la libération de Paris en 1944. Elle est alors venue m'accoster timidement pour me féliciter et pour me dire qu'elle pratiquait le théâtre amateur et qu'elle avait écrit une pièce. Je l'ai alors encouragée dans sa démarche et je lui ai proposé de me l'envoyer, étant intéressé par ses propos.

Bien m'en a pris, car il s'agit d'une pièce de théâtre divertissante, facile à lire, agréable, plutôt drôle et légère. Cette légèreté n'est qu'apparente, car on peut y lire une critique de la médecine et de notre société contemporaine. L'originalité de cet ouvrage tient par la profession de l'autrice, médecin spécialiste neurologue. Cette dernière, en s'inspirant de moments vécus, retrace les consultations médicales avec des patients tantôt démunis, incrédules, tantôt autoritaires et directifs. La confrontation entre le jeune Hippolyte, l'interne et la doctoresse aguerrie, quinquagénaire, est jouissive. Ce duel nous montre de façon sous-jacente le choc entre deux médecines : celle traditionnelle parfois toute puissante, mais bâtie sur l'expérience et le sens clinique… et celle dite « médecine moderne », technique, efficace, mais déshumanisée, bien loin du patient, de ses peurs et de ses doutes. La fin de la pièce est quelque peu immorale, car c'est du chacun pour soi. Mais n'est-ce pas, hélas, le reflet de notre monde actuel ?

À vous de vous faire votre propre idée en savourant ce méli-mélo de personnages, malades réels ou imaginaires… et pour moi, néophyte médical, non seulement je me suis vraiment amusé, mais j'en ai appris de belles ! Un grand bravo à Elsa Krim… je suis certain que Molière l'aurait approuvée !

Olivier Lejeune

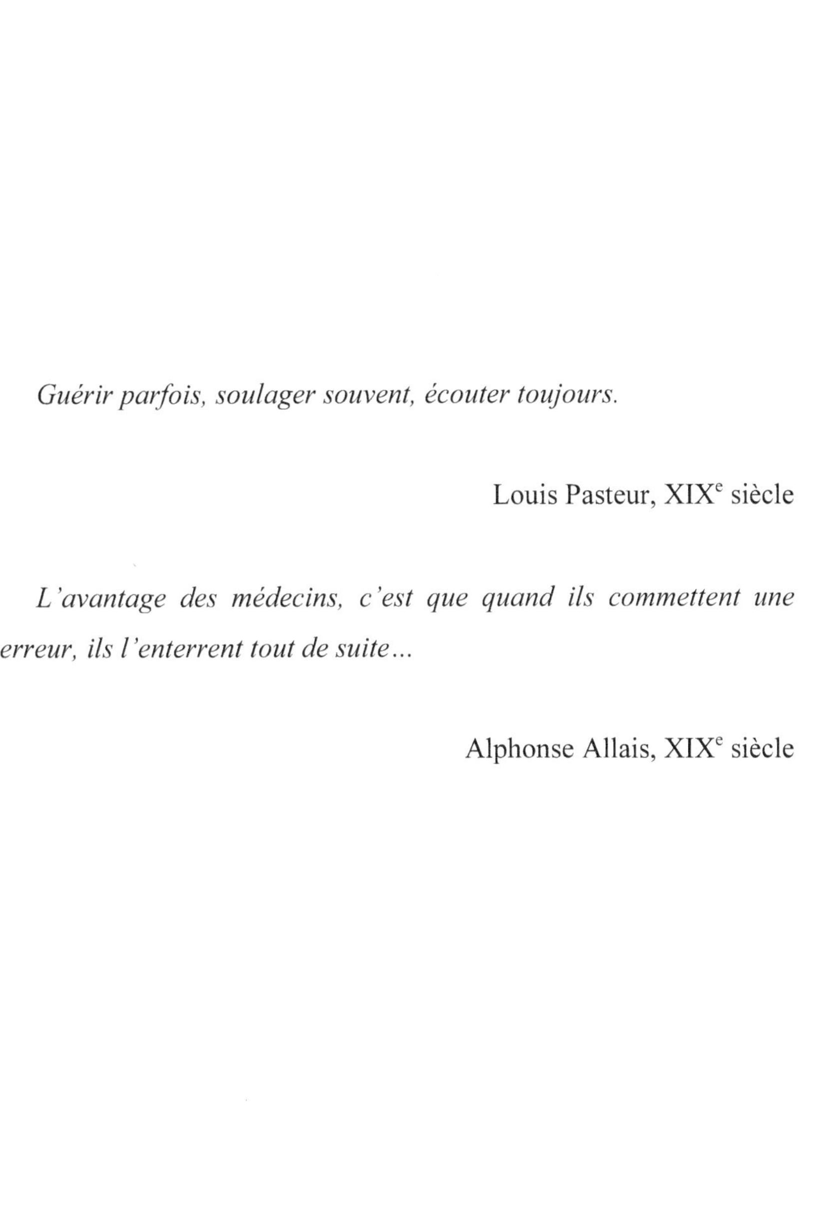

Guérir parfois, soulager souvent, écouter toujours.

Louis Pasteur, XIXe siècle

L'avantage des médecins, c'est que quand ils commettent une erreur, ils l'enterrent tout de suite…

Alphonse Allais, XIXe siècle

Personnages

Marie-Clotilde Ciboulot *(le docteur)*

Hippolyte *(l'interne)*

Madame Bronche

Monsieur Lambri

Monsieur de La Tournière

Madame Muchou

Monsieur Muchou *(le mari)*

Monsieur Laporte

Tristan *(l'enfant)*

Madame de La Triffe *(la maman de Tristan)*

Monsieur de La Triffe *(le papa de Tristan)*

Monsieur Martineau

Madame Ciboulette

Madame Da Silva

Monsieur Da Silva *(le mari)*

Madame Parpalé[1]

La fille de Madame Parpalé

Adriana

---

[1] En référence au personnage de Madame Parpalaid, dans la pièce de théâtre : *Knock ou Le triomphe de la Médecine* de Jules Romains, 1923.

Consultation I

Lundi

LE DOCTEUR, HIPPOLYTE, MADAME BRONCHE

(Le médecin arrive en retard. Il entre précipitamment dans son cabinet de consultation et enfile sa blouse rapidement, se lave les mains, les essuie à sa blouse et s'assied à son bureau. Hippolyte est déjà là.)

LE DOCTEUR : Bonjour, Hippolyte.

HIPPOLYTE : Bonjour Docteur.

LE DOCTEUR : Professeur ! Professeur !

HIPPOLYTE : Bonjour, Professeur.

LE DOCTEUR : Tout est prêt ?

HIPPOLYTE : Oui, Docteur.

LE DOCTEUR : Professeur, Hippolyte, P-R-O-F-E-S-S-E-U-R ! Professeur Ciboulot ! Professeur Marie-Clotilde Ciboulot !

HIPPOLYTE : Oui, Professeur.

LE DOCTEUR : On peut commencer, alors.

HIPPOLYTE : Alors, commençons, Doct… euh Professeur.

LE DOCTEUR : Dites-moi, Hippolyte, quel jour sommes-nous ?

HIPPOLYTE : Lundi… Lundi, le premier jour de la semaine.

LE DOCTEUR : Merci de la précision, Hippolyte. Ne soyez pas impertinent. Attention à vous.

HIPPOLYTE : Lundi, Professeur. Nous sommes lundi.

LE DOCTEUR : Bien, alors allons-y. Je suis déjà TRÈS en retard !

HIPPOLYTE : *(tout bas)* Et on n'est que le premier jour de la semaine…

LE DOCTEUR : Faites entrer le premier patient.

(Hippolyte place une pancarte devant la scène : « PNEUMOLOGIE ».

Entrée de la patiente accompagnée d'Hippolyte.)

MADAME BRONCHE : Bonjour, Professeur Ciboulot.

LE DOCTEUR : Bonjour, Madame Bronche. Quel bon vent vous amène ?

MADAME BRONCHE : Eh bien, Professeur, justement, j'ai pris froid !

HIPPOLYTE : Pris froid ? On est en plein été !

LE DOCTEUR : Vous ai-je posé une question, Hippolyte ? Comme le disait en 1998 mon ami l'éminent Professeur en médecine interne, le Professeur Laplace : « sachez rester à votre place » ! Alors Madame Bronche, qu'est-ce qui se place ? Euh se passe ?

MADAME BRONCHE : Eh bien, c'est un peu gênant…

LE DOCTEUR : Gênant ?

MADAME BRONCHE : Eh bien… euh… comment dire…

LE DOCTEUR : Oui ?

MADAME BRONCHE : Eh bien… je… je crache !

LE DOCTEUR : Ah ! Ah ! Ah ! Vous crachez ? Mais c'est très intéressant ça, Madame Bronche ! Dites-moi, vous crachez de quelle couleur ?

MADAME BRONCHE : Euh…

LE DOCTEUR : C'est sanguinolent ? C'est purulent ?

MADAME BRONCHE : Hein ?

LE DOCTEUR : Oui, c'est rouge ? C'est jaune ? Ou c'est vert quand vous crachez ?

MADAME BRONCHE : Euh… marron-jaune, avec parfois un peu de vert.

LE DOCTEUR : Vous ne pouvez pas être plus précise ?

MADAME BRONCHE : Ben…

LE DOCTEUR : Ah, je suis verte ! Et à part ça ?

MADAME BRONCHE : Eh bien, comment dire, c'est un peu délicat.

LE DOCTEUR : Mmm… délicat ?

MADAME BRONCHE : Oui, c'est vraiment délicat.

LE DOCTEUR : Ah ! Ah ! Ah ! Pas de secret entre nous Madame Bronche, voyons ! Allez, crachez le morceau.

MADAME BRONCHE : Eh bien… je… je tousse.

HIPPOLYTE : Vous toussez ?

MADAME BRONCHE : Oui, je tousse.

(La patiente se met à tousser.)

LE DOCTEUR : Je vois, vous toussez… mais quand ?

MADAME BRONCHE : Eh bien, je tousse surtout quand je dors.

LE DOCTEUR : Combien d'heures dormez-vous par nuit ?

MADAME BRONCHE : Euh, je me couche quand le film est terminé et euh… je me lève le matin vers… euh… vers…

LE DOCTEUR : Oui ! Vous dormez trop, Madame Bronche, vous dormez trop. N'est-ce pas, Hippolyte ?

HIPPOLYTE : Oui, Docteur.

LE DOCTEUR : Professeur. P-R-O-F-E-S-S-E-U-R !

HIPPOLYTE : Oui, Professeur.

LE DOCTEUR : Revenons à nos bronchouilles. Alors Madame Bronche, comment toussez-vous ?

MADAME BRONCHE : Je vous l'ai déjà dit, quand je me couche, Docteur.

LE DOCTEUR : Je ne vous ai pas demandé QUAND vous toussez, mais COMMENT vous toussez !

HIPPOLYTE : Oui, comment ?

MADAME BRONCHE : Comme ça.

(Petite toux.)

LE DOCTEUR : Bon, ça va, ça va. Je vais vous examiner.

(La patiente se lève et attend debout devant la table d'examen à côté du médecin et d'Hippolyte.)

LE DOCTEUR : Asseyez-vous, Madame Bronche.

(La patiente s'allonge.)

LE DOCTEUR : *(énervé)* Asseyez-vous, j'ai dit.

(La patiente se relève et s'assied l'air désolé.

Le docteur exaspéré pose le stéthoscope sur le dos de la patiente.)

LE DOCTEUR : Allez-y, toussez.

(La patiente tousse timidement.)

LE DOCTEUR : Plus fort !

(La patiente tousse fort.)

LE DOCTEUR : *(les yeux au ciel)* Moins fort ! On reprend, toussez ! Mmm, c'est inquiétant… Vous fumez ?

MADAME BRONCHE : Oui…

LE DOCTEUR : Mmm, inquiétant… venez voir, Hippolyte. Hippolyte !

(Hippolyte se réveille en sursautant de son siège.)

LE DOCTEUR : Hippolyte, vous avez fait combien d'années d'études médicales ?

HIPPOLYTE : Huit années, Professeur.

LE DOCTEUR : Ah, oui, 6 ans d'externat… et puis combien d'années d'internat ?

HIPPOLYTE : Eh bien, deux. 6 + 2 = 8. Je réalise actuellement ma troisième année d'internat, Professeur.

LE DOCTEUR : Alors, écoutez bien cela. Madame Bronche, toussez !

(La patiente qui s'était assoupie tousse énergiquement.)

LE DOCTEUR : Ah ! Magnifique. M-A-G-N-I-F-I-Q-U-E ! À vous, Hippolyte !

(Le médecin tend le stéthoscope à Hippolyte. La patiente tousse de nouveau sous l'auscultation attentive de ce dernier.)

LE DOCTEUR : Alors, Hippolyte ?

HIPPOLYTE : Euh… elle tousse.

LE DOCTEUR : Bien Hippolyte ! Bien pour un interne en troisième année. Et comment elle tousse ? Comment qualifieriez-vous cette toux ?

HIPPOLYTE : Sèche ?

LE DOCTEUR : Exact, mais encore ?

(La patiente tousse fortement.)

HIPPOLYTE : Euh… sèche et… grosse ?

LE DOCTEUR : Oui, Hippolyte, vous progressez. Grosse… sèche… À quoi cela vous fait-il penser ?

HIPPOLYTE : À une grosse toux sèche.

LE DOCTEUR : Très bien ! Mais encore, affinez votre sémiologie. Toussez, Madame… Ah ! Sublime, Madame Bronche !

HIPPOLYTE : Sublime ?

LE DOCTEUR : Sublime toux que l'on appelle ? Que l'on appelle Hippolyte ?

HIPPOLYTE : Euh…

(Hippolyte tousse, gêné.)

LE DOCTEUR : Cette toux, on dit que c'est le chant du ? Du ? Du coq. Le chant du coq !

HIPPOLYTE : Ah ?

LE DOCTEUR : C'est splendide. Que d'émotion ! Cela faisait des années que je n'avais pas entendu une aussi belle toux. Ah !

MADAME BRONCHE : Et c'est grave, Docteur ?

LE DOCTEUR : Hum… Assez… Vous fumez ?

MADAME BRONCHE : Oui, Docteur.

LE DOCTEUR : Alors, oui, assez… C'est assez grave. Venez Hippolyte, approchez-vous. Écoutez ça encore une fois. Comme disait en 1998 mon ami le grand Professeur Rabajoie : « Quand on a entendu ça une fois, on s'en souvient toute sa vie ». Toute sa vie !

(La patiente tousse bruyamment sur le visage de l'interne.)

LE DOCTEUR : Le chant du coq, cela vous évoque immédiatement la… la ? La co... la coq… chant du coq égale la COQueluche ! C'est une maladie grave et très contagieuse !

(La patiente tousse de nouveau sur le visage d'Hippolyte.)

LE DOCTEUR : Le pire, ce sont les jeunes en bas âge qui en sont atteints. Quel âge avez-vous, Madame Bronche ?

MADAME BRONCHE : Quarante-six ans.

LE DOCTEUR : Bon, ça va, vous n'appartenez pas à cette catégorie à haut risque. Par contre, attention aux enfants dans votre entourage. Si vous les contaminez… ils meurent presque à tous les coups ! Vous avez des enfants ? Des petits-enfants ?

MADAME BRONCHE : Euh… j'ai un chat.

HIPPOLYTE : Dans la gorge ?

LE DOCTEUR : Très drôle, Hippolyte… Ainsi, Madame Bronche, vous avez donc un coq dans la gorge et un chat dans la maison. Quel âge a votre chat ?

MADAME BRONCHE : Quatre ans.

LE DOCTEUR : Mouais… C'est encore un enfant… Chat et coq, habituellement, ça ne fait pas bon ménage. Mais si vous voyez votre chat qui se met à miauler comme un coq : alerte ! Voilà, c'est tout, Madame Bronche. Il n'y a rien à faire à part le repos. Vous qui aimez dormir, reposez-vous ! Quarante-six euros, s'il vous plaît. Et je le répète : évitez tout contact avec les enfants, surtout les tout-petits. Il n'y a pas mort d'homme, ou de bébé. Ah ! Ah ! Ah !

(La patiente sort en toussant une nouvelle fois sur Hippolyte.)

LE DOCTEUR : *(en se tournant vers Hippolyte)* Vous avez des enfants, vous, Hippolyte ?

Consultation II

Mardi

LE DOCTEUR, HIPPOLYTE, MONSIEUR LAMBRI, MONSIEUR DE LA TOURNIÈRE, MADAME MUCHOU, MONSIEUR MUCHOU, MONSIEUR LAPORTE

LE DOCTEUR : Bonjour Hippolyte.

HIPPOLYTE : Bonjour Doc… euh… Professeur !

LE DOCTEUR : Vous progressez Hippolyte, vous progressez.

HIPPOLYTE : Merci, Professeur.

LE DOCTEUR : Je suis d'excellente humeur aujourd'hui !

HIPPOLYTE : Ouf !

LE DOCTEUR : Vous êtes en quelle année d'internat ?

HIPPOLYTE : En troisième année d'internat, Professeur. Ensuite pour ma quatrième et dernière année, je serai « médecin junior » !

LE DOCTEUR : Médecin junior ?

HIPPOLYTE : Oui, c'est nouveau. Depuis la réforme des études médicales. Je serai médecin junior. J'aurais ainsi le droit de faire de vraies consultations tout seul et des gardes.

LE DOCTEUR : Des gardes ? Mais vous en faites déjà.

HIPPOLYTE : Des gardes d'interne oui, mais toujours supervisées par un sénior. Quand je serai médecin junior, je pourrai faire des gardes de vrai docteur.

LE DOCTEUR : Des gardes de grand ? Quelle chance, Hippolyte ! Vous ferez ainsi le travail d'un médecin hospitalier tout en étant payé au salaire d'un interne ! Croyez-moi, le monde est sans scrupule. Et ça, c'est le médecin sénior que je suis qui vous le dit.

(Hippolyte boude, déçu.)

LE DOCTEUR : Mon petit, ne faites pas cette tête. Alors, dites-moi, futur médecin junior, quel jour sommes-nous ?

HIPPOLYTE : On est mardi.

LE DOCTEUR : C'est bien mon petit. Comme me disait en 1998 mon patron le brillant Professeur Grosse Tête : « vous irez loin, vous irez loin ». Et puis, avec moi, vous êtes à bonne école. Allez me chercher mon premier patient !

(Hippolyte se lève chercher le patient.)

MONSIEUR LAMBRI : Bonjour Docteur.

LE DOCTEUR : Professeur !

MONSIEUR LAMBRI : Oh, pardon, Docteur. Bonjour, Professeur !

LE DOCTEUR : Vous avez de la chance, je suis de bonne humeur aujourd'hui. Ah ! Ah ! Ah ! N'est-ce pas Hippolyte ? Alors, Monsieur Lambri, quel bon vent vous amène ?

MONSIEUR LAMBRI : *(qui reste debout)* J'ai des hémorroïdes, Professeur. C'est horrible, je souffre terriblement ! Et ce, depuis une semaine. Aidez-moi ! Je ne dors plus la nuit, je ne sais plus comment me mettre. Je ne suis bien qu'en position debout !

LE DOCTEUR : Asseyez-vous, Monsieur Lambri, je vous en prie. Hippolyte, rappelez-moi, on est quel jour aujourd'hui ?

HIPPOLYTE : Mardi.

LE DOCTEUR : Et le mardi… C'est ? C'est ?

HIPPOLYTE : Raviolis ?

LE DOCTEUR : Hippolyte, ne soyez pas insolent. Vous voulez que je valide votre stage, n'est-ce pas ?

HIPPOLYTE : Oh oui, Professeur !

LE DOCTEUR : Alors, Hippolyte, le mardi c'est ? C'est ?

HIPPOLYTE : Cardiologie !

LE DOCTEUR : Bien, mon petit !

HIPPOLYTE : J'irai loin, j'irai loin…

(Hippolyte remplace alors à l'entrée du cabinet la pancarte « PNEUMOLOGIE » par la pancarte « CARDIOLOGIE ».)

LE DOCTEUR : Alors, Monsieur Lambri, aujourd'hui, on est mardi et le mardi : c'est cardiologie. La gastro-entérologie, c'est le vendredi !

MONSIEUR LAMBRI : Mais je souffre, Docteur !

LE DOCTEUR : Professeur ! P-R-O-F-E-S-S-E-U-R ! Dehors. D-E-H-O-R-S ! À vendredi.

HIPPOLYTE : Cela vous fera 46 euros, Monsieur Lambri, 46 ! Chèques et cartes bancaires non acceptés.

LE DOCTEUR : Patient suivant !

MONSIEUR DE LA TOURNIÈRE : Bonjour, Professeur. Monsieur de La Tournière. *(Le patient serre fermement la main au médecin en posant un regard hautain sur Hippolyte.)* Écoutez, Professeur, on va faire vite, très vite. Je suis pressé, très pressé.

LE DOCTEUR : Vos analyses sont mauvaises, très mauvaises.

MONSIEUR DE LA TOURNIÈRE : Mais je vais bien, très bien.

LE DOCTEUR : Vos enzymes cardiaques sont élevées, très élevées.

MONSIEUR DE LA TOURNIÈRE : Je ne comprends pas ?

HIPPOLYTE : Moi non plus.

LE DOCTEUR : Alors, Hippolyte, qu'est-ce que fait un docteur lorsqu'il ne comprend pas ?

HIPPOLYTE : Écho cœur, scintigraphie myocardique, épreuve d'effort, scanner corps entier et…

LE DOCTEUR : *(qui le coupe)* Non, Hippolyte, non, non, non ! Vous avez appris vos cours à la télé ou quoi ?

HIPPOLYTE : Par télémédecine, Professeur.

MONSIEUR DE LA TOURNIÈRE : N'écoutez pas ce jeune gay et sa téléréalité ! Moi, je suis un homme respectable, je travaille. Je n'ai pas que ça à faire. J'ai un rendez-vous d'affaires !

LE DOCTEUR : *(n'écoutant pas le patient)* Hippolyte, quand on ne sait pas, on E-X-A-M-I-N-E. On examine le patient. La clinique avant tout ! Vous devriez savoir cela par cœur. Prenez-lui le pouls. *(Hippolyte s'exécute.)* Alors ?

HIPPOLYTE : Pouls irrégulier et rapide.

LE DOCTEUR : Cela sent la FA.

MONSIEUR DE LA TOURNIÈRE : FA ? Qu'est-ce que cela signifie ?

HIPPOLYTE : *(fier de lui)* FA : Fibrillation Auriculaire.

MONSIEUR DE LA TOURNIÈRE : Et c'est grave Professeur ?

LE DOCTEUR : *(pensif)* Hum… Vous êtes droitier ?

MONSIEUR DE LA TOURNIÈRE : Oui, un droitier de droite, Professeur.

LE DOCTEUR : *(pensif)* Ah. Eh bien oui, une FA : c'est grave. C'est même très grave Monsieur de La Tournière.

MONSIEUR DE LA TOURNIÈRE : Quoi ? Mais c'est impossible ! Pas moi !

LE DOCTEUR ET HIPPOLYTE : *(en chœur)* Et si !

MONSIEUR DE LA TOURNIÈRE : Mais, je fais du sport toutes les semaines, je me douche deux fois par jour, je m'habille en Hugo Boss, je suis marié, deux enfants, de bonne famille. Je suis beau, je gagne très bien ma vie, je ne bois pas, je ne fume pas.

HIPPOLYTE : Je ne baise pas…

LE DOCTEUR : Hippolyte, ça suffit !

MONSIEUR DE LA TOURNIÈRE : J'ai eu mon bac scientifique mention très bien, je suis diplômé en droit des affaires, je suis droitier de droite, je ne peux pas être malade !

LE DOCTEUR ET HIPPOLYTE : *(en chœur)* Et si !

MONSIEUR DE LA TOURNIÈRE : Savez-vous bien qui je suis ? Monsieur de La Tournière, en personne. Je suis PDG d'une grande société cotée en bourse, je gère 5500 salariés, demain je pars en Chine pour de gros contrats, je ne peux pas être malade. Vous comprenez, je ne peux pas !

LE DOCTEUR : Désolée de vous faire mal au cœur, mais…

MONSIEUR DE LA TOURNIÈRE : Cela suffit ! Je ne suis pas d'accord. Je refuse. Bon sang de bon sang !

LE DOCTEUR : Vous perdez votre sang-froid Monsieur de La Tournière.

MONSIEUR DE LA TOURNIÈRE : Arrêtez avec vos remarques sanglantes ! Qui est-ce qui décide ici ?

HIPPOLYTE : C'est votre joli cœur et il n'en fait qu'à sa tête.

LE DOCTEUR : Vous prenez trop les choses à cœur.

MONSIEUR DE LA TOURNIÈRE : *(sortant brusquement en se tenant la poitrine)* Vous m'écœurez !

LE DOCTEUR : Patient suivant…

(Une patiente entre accompagnée de son mari.)

MADAME MUCHOU : Bonjour.

MONSIEUR MUCHOU : Bonjour, Professeur Ciboulot.

LE DOCTEUR : Alors, comment il va votre petit cœur depuis la dernière fois, Madame Muchou ?

MADAME MUCHOU : Bien, ma foi.

MONSIEUR MUCHOU : Enfin… Dis-lui, Bernadette, au Docteur, ce dont tu souffres.

MADAME MUCHOU : Ce dont je souffre ?

MONSIEUR MUCHOU : Oui, tu le sais bien, voyons ! Ma femme souffre de palpitations.

LE DOCTEUR : Palpitations, palpitations. C'est vite dit. Ne vous emballez pas.

MONSIEUR MUCHOU : Justement, elle a le cœur qui s'emballe.

MADAME MUCHOU : Ah ?

MONSIEUR MUCHOU : Et des fois, elle s'arrête même de respirer. Elle a alors les lèvres qui deviennent de la couleur… de la couleur… Vous savez, c'est la même couleur que les lèvres des morts, Professeur. Des lèvres toutes blanches, enfin bleu violacé, enfin comment dire… c'est de la couleur des morts, vous connaissez ça.

HIPPOLYTE : Pas encore pour moi. Mais j'ai hâte de découvrir cela !

LE DOCTEUR : Hippolyte, un peu de retenue, je vous prie. Ce sont mes patients les plus fidèles. Allez, Madame Mouchu…

MADAME MUCHOU : Madame Muchou.

LE DOCTEUR : Comment cela ?

HIPPOLYTE : Madame Muchou.

MADAME MUCHOU : Comme Chou. Muchou.

HIPPOLYTE : Et non madame Mouchu, comme mouche.

LE DOCTEUR : Cela suffit, Hippolyte ! Mouchu, Muchou, c'est pareil. Venez, Madame Muchou, je vais vous ausculter. Venez voir ce petit cœur qui palpite, Hippolyte.

(Le médecin se lève et invite la patiente à se mettre sur la table d'examen. La patiente attend sagement debout devant la table.)

LE DOCTEUR : Asseyez-vous, Madame Muchou, comme chou.

(La patiente s'allonge.)

LE DOCTEUR : Asseyez-vous, j'ai dit.

MADAME MUCHOU : Excusez-moi, Docteur, que suis-je bête.

(Le médecin lève les yeux au ciel, d'un air méprisant.)

LE DOCTEUR : Allez, reculez-vous un peu.

MADAME MUCHOU : En arrière ?

HIPPOLYTE : *(sournois)* C'est-à-dire qu'on recule rarement en avant…

LE DOCTEUR : Bon, allez, avançons, Madame Muchou, avançons ! Où en étais-je ? Ah, oui ! Auscultation.

(Le médecin ausculte consciencieusement le cœur de la patiente puis passe le stéthoscope à l'interne qui fait de même.)

LE DOCTEUR : Alors, Hippolyte, qu'entendez-vous ?

HIPPOLYTE : Euh…

LE DOCTEUR : Exactement, Hippolyte ! Rien ! Il n'y a rien à entendre. Pas de souffle. Pas d'arythmie. Vous êtes en parfaite santé, Madame Muchou ! Un cœur de 20 ans !

MONSIEUR MUCHOU : *(en aparté au médecin)* Quoi, Professeur ? Rien ? Ce n'est pas possible !

LE DOCTEUR : Vous voulez dire que la médecine vous déçoit ?

MONSIEUR MUCHOU : Non, c'est plutôt la bonne santé de ma femme qui me déçoit !

LE DOCTEUR : Comment cela ?

MONSIEUR MUCHOU : Eh bien, Professeur Ciboulot, à vrai dire… Je n'en peux plus de ma femme ! Je suis à bout. Avant, je travaillais, j'étais toujours entre deux avions, mon métier me passionnait. Alors, ma femme, je ne la voyais que de temps en temps. Cela pouvait aller. Maintenant que je suis à la retraite, c'est plus possible. Je la vois tous les jours. Je l'ai tout le temps sur le dos. J'étouffe ! Je n'en peux plus. Écoutez, je suis ancien directeur général, j'ai fait Sciences Po, j'ai exercé des fonctions hautement prestigieuses. J'ai des relations. Je suis certain qu'avec une femme aussi intelligente que vous, Madame le Professeur Ciboulot, nous allons pouvoir trouver un arrangement ? Votre cabinet est un peu vieillot. Le relooker pourrait vous faire doubler votre chiffre d'affaires. Je connais un excellent architecte d'intérieur, très « tendance ». Les frais seront à ma charge, comme il se doit. Vous me comprenez, Professeur ?

LE DOCTEUR : Bon, Madame Muchou, reprenons : combien vous pesez ?

MADAME MUCHOU : J'ai un peu grossi ces dernières années. Je fais 58 kg, Docteur.

LE DOCTEUR : Pour une taille de ?

MADAME MUCHOU : Euh… 1 mètre 65, enfin, maintenant avec l'âge je dois mesurer 1 mètre 63 ou 1 mètre 62.

LE DOCTEUR : C'est trop, c'est beaucoup trop ! Vous êtes trop grosse, Madame Muchou. Vous fumez ?

MADAME MUCHOU : Quelques cigarettes quand j'étais étudiante…

LE DOCTEUR : C'est trop ! Obésité, tabac, hypertension artérielle. Vous cumulez les facteurs de risques cardiovasculaires. Ce n'est pas bon du tout, ça. Venez ici !

(Le médecin ausculte de nouveau la patiente puis passe le stéthoscope à Hippolyte.)

LE DOCTEUR : Alors, Hippolyte, qu'entendez-vous ?

HIPPOLYTE : Rien, Professeur. Toujours rien.

LE DOCTEUR : Si, si Hippolyte ! Bien sûr que si ! Il y a un petit souffle mitral. C'est inquiétant, Madame Muchou. Vous êtes en très mauvaise santé ! Votre cœur est fatigué. Il vous faut du repos. Vous devez être hospitalisée une petite semaine en clinique cardiologique puis vous allez me faire un séjour d'un mois en maison de repos.

MONSIEUR MUCHOU : Trois !

LE DOCTEUR : Vous allez me faire un séjour de TROIS mois en maison de repos, Madame Muchou. Et c'est obligatoire ! Prescription médicale.

MONSIEUR MUCHOU : Merci, Madame le Professeur Ciboulot, merci. Je savais que je pouvais compter sur vous.

(Le couple sort. Le mari en partant glisse un chèque dans la poche de la blouse du médecin.)

HIPPOLYTE : Mais, cela s'appelle un conflit d'intérêts, Professeur !

LE DOCTEUR : Je dirais plutôt, un geste compassionnel. Vous êtes jeune, Hippolyte. Vous êtes jeune.

LE DOCTEUR : Patient suivant. Bonjour Monsieur.

MONSIEUR LAPORTE : Bonjour Docteur. Mon cas est complexe. (*En aparté à Hippolyte)* J'espère que c'est un bon docteur ?

(Hippolyte hoche la tête d'un signe d'approbation un peu excessif.)

LE DOCTEUR : Bon… Dites-moi mon petit ?

MONSIEUR LAPORTE : Monsieur Laporte, en personne ! Avant de vous exposer mon dossier compliqué, j'aimerais m'assurer que vous êtes un excellent médecin.

LE DOCTEUR : *(énervé)* Comment cela ? Je suis un excellent médecin pour les excellents patients. Je suis Professeur, voyez-vous.

HIPPOLYTE : Oui, elle est Professeur !

MONSIEUR LAPORTE : Professeur en quoi ?

LE DOCTEUR : Aujourd'hui, je fais de la cardiologie. Mais mon domaine d'expertise est bien plus large, rassurez-vous. Je suis Professeur en médecine générale.

MONSIEUR LAPORTE : Ah ? Médecine générale ? Donc, spécialiste de rien !

LE DOCTEUR : Je ne vous permets pas Monsieur, je suis au contraire spécialiste de tout !

HIPPOLYTE : *(qui tousse)* Tout à fait ! Tout à fait !

MONSIEUR LAPORTE : Voyez-vous, Professeur, mon histoire médicale est très compliquée. Je m'aggrave de jour en jour. J'ai peur. Vous êtes mon dernier espoir. Voici tout mon dossier.

(Le patient pose un énorme paquet sur le bureau. Le médecin silencieux lit les pages une à une consciencieusement, l'air grave et préoccupé.)

LE DOCTEUR : Hum… Bon… Hum… Ahhh… Rrr… Hum…

(Le patient se décompose petit à petit, Hippolyte faisant la grimace à chaque bruit émis par le médecin renforçant la crainte du patient. Silence…)

MONSIEUR LAPORTE : *(timidement)* Alors, Professeur, qu'en pensez-vous ? Que dois-je faire ?

LE DOCTEUR : Et bien… Rien.

MONSIEUR LAPORTE : Quoi ?

LE DOCTEUR : Oui, absolument rien.

MONSIEUR LAPORTE : Ah ? Mais, je croyais que vous étiez spécialiste de tout ?

LE DOCTEUR : Comme vous me l'avez dit, je ne suis que médecin généraliste, je suis Professeur de rien, alors c'est normal que je ne vous fasse rien !

MONSIEUR LAPORTE : Donnez-moi au moins un diagnostic ?

LE DOCTEUR : Vous savez de nos jours, dans notre modèle économique, on n'accepte plus le « rien » et pourtant il a bien plus de valeur que vous ne l'imaginez. Dans notre société du « tout », et bien, moi je vous donne du « rien » ! Voilà.

MONSIEUR LAPORTE : Euh… même pas une petite ordonnance ?

LE DOCTEUR : Écoutez, la frustration fait en elle-même partie du traitement.

MONSIEUR LAPORTE : Enfin, donnez-moi un médicament, des comprimés, des gouttes, un vaccin, un masque, quelque chose ? Ne me laissez pas comme cela, Professeur ? Et vous, jeune interne, vous ne dites rien ?

(Hippolyte ne dit mot.)

LE DOCTEUR : Bon, Hippolyte, donnez-lui une ordonnance, mais surtout n'y marquez rien.

(Hippolyte marque « RIEN » et tend l'ordonnance au patient.)

MONSIEUR LAPORTE : Vous vous moquez de moi, Professeur ? Aidez-moi, annoncez-moi une maladie… grave… ou même une toute petite, vous êtes bien le Professeur de tout ?

LE DOCTEUR : C'est bien, vous progressez ! En tant que Professeur de tout, je conclus que vous n'avez rien ! Au revoir, Monsieur Laporte. Hippolyte ?

HIPPOLYTE : Euh… oui, et cela fera 46 euros. En espèces.

MONSIEUR LAPORTE : Quarante-six euros ! Tout ça ?

LE DOCTEUR : Mais, c'est trois fois rien, Monsieur Laporte. Allez, payez sans rechigner. Vous serez alors sur le chemin de la guérison…

HIPPOLYTE : D'une maladie que vous n'avez pas…

(Le patient dépité tend un billet de 50 euros à Hippolyte, reprend son énorme dossier sous le bras et sort vaincu du combat.)

MONSIEUR LAPORTE : Merci, Professeur.

LE DOCTEUR : De rien, de rien.

Consultation III

Mercredi

LE DOCTEUR, HIPPOLYTE, MONSIEUR LAMBRI, TRISTAN, MADAME DE LA TRIFFE, MONSIEUR DE LA TRIFFE

LE DOCTEUR : Bonjour, Hippolyte.

HIPPOLYTE : Bonjour, Professeur Ciboulot.

LE DOCTEUR : On se fait une pause, un café ?

HIPPOLYTE : Euh… mais on n'a pas encore commencé les consultations, aujourd'hui. On va être en retard…

LE DOCTEUR : Vous voulez dire : JE vais être en retard ! Ce n'est pas grave. Et puis aujourd'hui, on est mercredi.

HIPPOLYTE : Mercredi, et alors ?

LE DOCTEUR : Le mercredi, qu'est-ce qu'on fait ? C'est le jour de la ? La P ? Péd…

HIPPOLYTE : Pédiatrie ?

LE DOCTEUR : Bien, Hippolyte ! Vous irez vraiment très loin.

(Hippolyte remplace la pancarte « CARDIOLOGIE » par celle de « PÉDIATRIE ».)

LE DOCTEUR : Le mercredi, je suis pédiatre ! Belle spécialité. Très belle spécialité ! Le problème, ce sont les enfants. Qu'est-ce qu'ils sont pénibles ! Ils sont arrogants, bruyants, fatigants et…

HIPPOLYTE : (*blasé*) Et épuisants, je sais. Le mercredi, les enfants sont pénibles, arrogants, bruyants, fatigants et épuisants.

LE DOCTEUR : Pas que le mercredi, Hippolyte. Mais quand même spécialement le mercredi… surtout quand ils sont avec leurs parents. Et le problème, c'est qu'ils viennent toujours mais toujours me voir avec leurs parents ! J'ai bien songé à faire mes consultations pédiatriques le lundi ou le mardi, mais ces petits morveux préfèrent l'école à la médecine ! Ils ont tort. Vous savez, Hippolyte, la médecine est une science ! Une vraie. Ne l'oubliez pas.

HIPPOLYTE : Mais le mercredi, les enfants vous préfèrent.

LE DOCTEUR : Mouais. Je crois que le mercredi, je vais faire payer triple.

HIPPOLYTE : Triple ?

LE DOCTEUR : Oui. Quarante-six euros pour l'enfant et 46 euros pour chacun des parents.

HIPPOLYTE : Comme cela, les enfants viendront peut-être sans leurs parents ?

LE DOCTEUR : Ou les parents sans leurs enfants… Hippolyte, 46 euros x 3 ça fait combien ? Réactivité, allez, allez !

HIPPOLYTE : Cela fait 138 euros, Professeur.

LE DOCTEUR : (*rêveur*) Ah…

HIPPOLYTE : Certes, vous êtes Professeur, mais quand même… N'est-ce pas un peu trop 138 euros la consultation ?

LE DOCTEUR : Trop ? Vous êtes confus ? Vous vous droguez, Hippolyte ?

HIPPOLYTE : Ben, pour être plus juste, vous pourriez, pour chacune de vos consultations, appliquer un tarif indexé sur le salaire des gens.

LE DOCTEUR : Voyons, un enfant ne travaille pas !

HIPPOLYTE : Les patients qui ont un haut salaire payeraient 46 euros la consultation et ceux à faible revenu ne payeraient que 23 euros, par exemple.

LE DOCTEUR : Merci de traduire, Hippolyte, j'avais compris. Effectivement, votre proposition est généreuse et juste, mais ce n'est pas vous qui les gagnez les 46 euros.

HIPPOLYTE : *(soupirant)* J'aimerais bien… Tout de même, 138 euros, c'est cher !

LE DOCTEUR : Vous dites cela parce que vous êtes jeune.

HIPPOLYTE : Vingt-six ans et demi dans 15 jours.

LE DOCTEUR : C'est facile pour vous de vouloir tout partager. Vous débutez, vous n'avez rien.

HIPPOLYTE : Je suis payé par la fac 1035,24 euros par mois durant tout mon internat + 17,20 euros par garde de 24 heures.

LE DOCTEUR : C'est bien ce que je dis, vous n'avez rien ! Mon pauvre, vous verrez, quand vous serez vieux…

HIPPOLYTE : Quand je serai comme vous ?

LE DOCTEUR : Attention, pas d'impertinence. Donc, effectivement quand vous serez comme moi, avec une maison de 320 m² en construction, les ouvriers à payer, la femme de ménage, le jardinier et tous les autres frais. À ce moment-là, lorsqu'on vous demandera de partager votre fric, vous direz : Non ! Comme tout le monde. Cet argent, je le gagne à la sueur de mon front, après plus de dix ans d'études. Alors, partager ? Non ! Non ! Et Non ! Je partage déjà mon bureau.

HIPPOLYTE : Avec les patients.

LE DOCTEUR : Et avec vous Hippolyte ! Avec vous ! Vous devriez me remercier. Et je vous forme en plus ! Pour la modique somme de 3500 euros par mois qui m'est octroyée généreusement par votre université de médecine. Seulement 3500 euros par mois !

HIPPOLYTE : *(en aparté)* Et moi, 1035,24 euros par mois pour vous supporter pendant toute la durée de mon stage, c'est-à-dire six mois...

LE DOCTEUR : Bref, où en étais-je ? Quel jour sommes-nous ?

HIPPOLYTE : Mercredi, Docteur.

LE DOCTEUR : Professeur ! Professeur Marie-Clotilde Ciboulot. Alors, vous me l'amenez ce café ?

HIPPOLYTE : *(apportant le café)* On va vraiment être très en retard dans le planning.

LE DOCTEUR : Hippolyte, les patients, il faut savoir les faire attendre, surtout quand ce sont des enfants. Comme ça, après avoir fait la java dans la salle d'attente, ils arrivent tout calmes dans mon bureau.

HIPPOLYTE : Bonne tactique !

LE DOCTEUR : Les patients adorent attendre ! Un praticien qui n'a pas de retard, c'est suspect. Un bon médecin doit faire patienter ses patients. Il doit donner l'impression d'être débordé, désorganisé.

Il faut toujours laisser traîner des dossiers par ci par là, quelques ordonnances à droite à gauche. Cela fait plus sérieux ! Bon, quelle heure est-il ?

HIPPOLYTE : Midi.

LE DOCTEUR : Trois heures de retard, c'est correct. Au boulot. Comme dit le Professeur Ciboulot, c'est à dire moi-même : Marteau, stétho, boulot ! Allez, faites entrer le premier mioche.

HIPPOLYTE : Voici Monsieur Lambri.

LE DOCTEUR : Ahhh, Monsieur Lambri ! Asseyez-vous.

MONSIEUR LAMBRI : Aille ! Ouille !

LE DOCTEUR : Je vous ordonne de vous asseoir, Monsieur Débri !

HIPPOLYTE : Monsieur Lambri.

LE DOCTEUR : Oui, Monsieur Débri-Lambri, c'est pareil.

MONSIEUR LAMBRI : Euh… pas tout à fait quand même.

LE DOCTEUR : Bref, Monsieur Lambri, asseyez-vous !

HIPPOLYTE : Allez, soyez fort. Courage ! Asseyez-vous, ne contrariez pas le Professeur.

LE DOCTEUR : Monsieur Lambri, quel jour sommes-nous ?

MONSIEUR LAMBRI : *(péniblement assis)* Euhhh…

HIPPOLYTE : *(lui soufflant)* Mercredi.

MONSIEUR LAMBRI : Mercredi !

LE DOCTEUR : Eh oui. Et le mercredi, c'est le jour de la ? La Pédiatrie ! Il a quel âge, Monsieur Lambri, hein ?

MONSIEUR LAMBRI : Aille, Ouille ! J'ai 55 ans.

LE DOCTEUR : Hippolyte, question-réponse flash : la pédiatrie, c'est quelle tranche d'âge ?

HIPPOLYTE : Zéro-quinze ans, Professeur.

LE DOCTEUR : Vous irez loin, Hippolyte ! Donc, 55 ans, Monsieur Lambri, ce n'est pas compris dans la tranche 0-15 ans, vous en convenez ?

MONSIEUR LAMBRI : Mais, Docteur, j'ai vraiment trop mal avec mes hémorroïdes, je ne sais plus quoi faire ?

LE DOCTEUR : Allez oust, Monsieur Débri !

HIPPOLYTE : Lambri.

MONSIEUR LAMBRI : Monsieur Lambri.

LE DOCTEUR : Dehors, dehors ! Revenez vendredi.

HIPPOLYTE : Cela fera 46 euros, Monsieur Lambri.

MONSIEUR LAMBRI : Ouille !

HIPPOLYTE : Comme d'habitude, cartes bancaires et chèques non acceptés.

LE DOCTEUR : Gamin suivant !

(*Monsieur Lambri sort. Un couple de jeunes parents rentre avec leur petit garçon.)*

LE DOCTEUR : Vous remarquerez Hippolyte, ils sont trois. N'oubliez pas pour le règlement final : 46 euros x 3, notez. *(s'adressant à l'enfant.)* Alors, petit, quel bon vent t'amène ?

(*L'enfant lui tire la langue.)*

MADAME DE LA TRIFFE : Comment dire, Professeur Ciboulot, il court partout. Il a des difficultés à l'école, il est agressif et il mord.

LE DOCTEUR : Comme tous les enfants, Madame de La Triffe, comme tous les enfants ! Vous savez, on est dans l'époque de l'enfant roi. Alors quoi de plus normal ? Il faut qu'il s'affirme ce petit.

MONSIEUR DE LA TRIFFE : Tout de même, nous sommes très inquiets. Son comportement nous paraît inadapté.

LE DOCTEUR : Inadapté, inadapté, c'est vite dit. Mais encore ?

MADAME DE LA TRIFFE : Lundi dernier, il a tiré les cheveux à son camarade de classe et il a craché sur sa maîtresse !

LE DOCTEUR : Comme tous les enfants de son âge, Madame de La Triffe, comme tous les enfants… Quel âge as-tu mon tout petit ?

(L'enfant fait la grimace.)

MONSIEUR DE LA TRIFFE : Il a… Il a… Quel âge a-t-il déjà, chérie ?

MADAME DE LA TRIFFE : Il va faire 5 ans et demi dans 15 jours !

HIPPOLYTE : Ah ? Comme moi !

LE DOCTEUR : Vous n'avez pas 5 ans, que je sache Hippolyte ? Qu'est-ce qu'il vous prend ? Vous êtes confus ? Vous vous droguez ?

HIPPOLYTE : Enfin, je veux dire : je fais la demie dans 15 jours, moi aussi. La demie de 26… 26 ans.

LE DOCTEUR : Vous êtes en quelle année d'internat, Hippolyte ? Rappelez-moi ?

HIPPOLYTE : En troisième année ! Après 6 ans d'externat. Bac + 8, enfin bac + 9 bientôt !

LE DOCTEUR : Bon, alors taisez-vous ! Où en étions-nous, Monsieur de La Triffe ?

MONSIEUR DE LA TRIFFE : Nous sommes vraiment soucieux pour notre petit chéri. La maîtresse nous a conseillé de venir vous voir.

LE DOCTEUR : Qu'est-ce que ça y connaît aux enfants les maîtresses ?

MONSIEUR DE LA TRIFFE : L'institutrice suspecte un retard de développement psychomoteur.

LE DOCTEUR : Retard, retard… Il est droitier ou gaucher ?

MONSIEUR DE LA TRIFEE : Euh…

MADAME DE LA TRIFFE : Gaucher. Il est gaucher.

LE DOCTEUR : Mince ! Hum… Et il a tenu sa tête à quel âge ce chenapan ?

MONSIEUR DE LA TRIFFEE : Euh, chérie, à quel âge ?

MADAME DE LA TRIFFE : Figurez-vous, je m'en rappelle exactement, c'était un matin, je passais l'aspirateur…

LE DOCTEUR : Mouais, le souvenir de cette tâche ménagère quotidienne ne nous aide pas beaucoup pour la datation, Madame de La Triffe.

MADAME DE LA TRIFFE : Il a tenu sa tête le 3 mars ! Il avait 6 mois.

LE DOCTEUR : Retard, retard, c'est vite dit. Qu'en pensez-vous, Hippolyte ?

HIPPOLYTE : Un nourrisson doit tenir sa tête entre 1 et 3 mois, Professeur.

LE DOCTEUR : Mouais… Bon, pour la suite, inutile de demander au papa. Je m'adresse directement à vous, Madame de La Triffe : à quel âge ce petit filou a-t-il marché ?

MADAME DE LA TRIFFE : Je m'en souviens parfaitement. C'était l'après-midi, j'étendais le linge.

LE DOCTEUR : Vous passez l'aspirateur le matin, Madame de La Triffe, et vous faites la lessive l'après-midi. Un classique, Hippolyte, un classique ! Et alors ?

MADAME DE LA TRIFFE : Donc, je reprends, j'étendais le linge et là, subitement il s'est mis à marcher ! Quelle émotion ! Quel moment extraord...

LE DOCTEUR : Bref, épargnez-nous ces détails émotionnels et dites-moi à quel âge votre petit morveux a-t-il marché ?

MADAME DE LA TRIFFE : À 2 ans, 8 mois, 2 semaines et 3 jours, Docteur !

LE DOCTEUR : Mouais... et à quel âge marche-t-on en principe, Hippolyte ?

HIPPOLYTE : Les normes pédiatriques actuelles considèrent qu'un enfant doit marcher entre 10 mois pour les éveillés et 18 mois pour les plus mous, avec une tolérance jusqu'à deux ans. Ensuite, cela devient vraiment inquiétant.

LE DOCTEUR : C'est bien. Vous connaissez vos classiques. Deux ans, 8 mois, 2 semaines et 3 jours, cela fait plus que 2 ans. (*Le docteur s'approche de la tête de l'enfant.*) Mouais... c'est vrai qu'il a une drôle de tête votre chérubin... comment t'appelles-tu mon petit ?

(L'enfant tire le col de la blouse du médecin qui recule immédiatement d'un air de dégoût.)

MONSIEUR DE LA TRIFFE : Tristan, il s'appelle Tristan !

LE DOCTEUR : C'est bien, Monsieur de La Triffe ! Au moins quelque chose que vous savez sur votre enfant. Tristan… Tristan de La Triffe… Qu'en pensez-vous, Hippolyte ?

HIPPOLYTE : Euh… Ben…

LE DOCTEUR : Hum… ce petit Tristan, c'est vrai qu'il a l'air un peu tristouille. Allez, vous avez raison, Hippolyte, j'achète le retard psychomoteur !

MADAME DE LA TRIFFE : Retard psychomoteur ?

LE DOCTEUR : Eh bien oui, tous les gosses ne sont pas des enfants « HP », Madame !

MADAME DE LA TRIFFE : « HP » ?

HIPPOLYTE : Oui, Hôpital Psychiatrique.

LE DOCTEUR : Hippolyte, cessez vos impertinences, je vous ai déjà prévenu ! C'est une question du concours de l'internat de médecine : « HP », cela veut dire, Hippolyte ?

HIPPOLYTE : (*vexé)* « HP » ou « HPI » : enfant à Haut Potentiel Intellectuel, enfant surdoué ou dit : « EIP » : Enfant Intellectuellement Précoce.

LE DOCTEUR : C'est très en vogue en ce moment, mais malheureusement votre enfant à vous, Madame de La Triffe, n'est certainement pas « HP ». Si vous voulez une abréviation pour rester tout de même à la mode, je qualifierais votre petit de « BP » ou « TBP » : Très Bas Potentiel.

HIPPOLYTE : Débile, quoi !

LE DOCTEUR : Hippolyte ! Assez ! « AC » : Au Coin !

(Hippolyte lève les yeux au ciel d'un air de dépit, part au coin brièvement et se rassoit sur sa chaise.)

LE DOCTEUR : *(s'adressant à la mère)* Bon, revenons à votre bambin TDLT : Tristan de La Triffe. Dans votre famille, Madame de La Triffe, existe-t-il des personnes comme votre petit ?

MADAME DE LA TRIFFE : Avec un retard psychomoteur ?

LE DOCTEUR : Oui, avec une drôle de tête et l'air un peu tristouille, vous voyez ?

MADAME DE LA TRIFFE : Non, je ne vois pas.

LE DOCTEUR : Cherchez, Madame de La Triffe, cherchez.

HIPPOLYTE : Cherchez, cherchez ! Parents ? Grands-parents ? Oncles ? Tantes ?

MADAME DE LA TRIFFE : Non, non, je ne vois vraiment pas.

LE DOCTEUR : Bon, vous n'êtes pas très sympa, vous ne m'aidez pas beaucoup.

HIPPOLYTE : Peut-être aurons-nous la joie de trouver un membre atteint du côté paternel ?

LE DOCTEUR : Oui, alors commençons par vous Monsieur de La Triffe. Quand vous étiez enfant, pas de retard à la marche ? Pas d'échec scolaire ? Pas de débilité profonde ? Pas de panne…

MADAME DE LA TRIFFE : Euh… à part sexuelle, je ne vois pas…

LE DOCTEUR : Excellent, Madame de La Triffe, excellent ! Vous voyez que vous pouvez m'être sympathique ! Hippolyte, notez bien sur le carnet de santé de Tristan : impuissance chez le père.

MONSIEUR DE LA TRIFFE : *(en colère)* Merci, chérie ! Merci !

LE DOCTEUR : Bon, voilà de quoi nous mettre sur la voie. Alors Monsieur de La Triffe, pas d'autres membres en panne ?

MADAME DE LA TRIFFE : Ses bras et ses jambes fonctionnent bien, Docteur.

HIPPOLYTE : Le Professeur voulait dire pas d'autres membres de sa famille atteints ?

LE DOCTEUR : Oui, pas d'autres impuissants ? Oncle, frère, beau-frère, cousin ? Cherchez Monsieur de La Triffe, cherchez.

HIPPOLYTE : Oui, cherchez !

MONSIEUR DE LA TRIFFE : *(énervé)* Eh bien, non. Je vous dis que non !

LE DOCTEUR : Personne ?

MONSIEUR DE LA TRIFFE : Non ! Je vous le répète : non, non et non !

MADAME DE LA TRIFFE : Enfin, Antoine, tu sais bien ton arrière-grande tante Huguette… Huguette a toujours été bizarre.

LE DOCTEUR : Ah ben voilà ! Excellent, Madame de La Triffe, excellent !

HIPPOLYTE : Excellent.

LE DOCTEUR : Donc, tante Huguette était bizarre, c'est bien ça ?

MADAME DE LA TRIFFE : Oui. Dis leur Antoine. C'est vrai que moi, je l'ai connue tard, elle devait avoir 91 ans. À cet âge-là, Docteur, on n'a plus beaucoup de cheveux et…

LE DOCTEUR : Et de neurones, j'en conviens.

HIPPOLYTE : Nous en convenons. D'ailleurs, si je puis me permettre, la génétique depuis quelques années a fait un bond considérable. Savez-vous qu'on peut réaliser un test CGH ARRAY : analyse chromosomique sur puces à ADN. Cela permet de détecter des anomalies chromosomiques de petite taille non visibles sur un caryotype standard, fascinant !

MADAME DE LA TRIFFE : Enfin moi je n'ai pas besoin de tests sophistiqués pour savoir que ton impuissance, mon chéri, vient du côté de ta tante Huguette ! Je l'ai d'ailleurs toujours su !

LE DOCTEUR : Effectivement, Monsieur de La Triffe, le retard psychomoteur de votre enfant vient du côté paternel. Pauvre petit Tristan !

MONSIEUR DE LA TRIFFE : *(furieux)* Quoi ? Vos propos sont inadmissibles, Docteur ! Pour qui vous vous prenez ?

HIPPOLYTE : Pour un Professeur.

MONSIEUR DE LA TRIFFE : Vous insultez ma famille ! De quel droit osez-vous ? Je vais vous casser la gueule, espèce de…

MADAME DE LA TRIFFE : Arrête, mon chéri ! Arrête ! Ne parle qu'en présence de ton avocat !

MONSIEUR DE LA TRIFFE : *(en colère)* Vous méritez une bonne baffe, Docteur de m…

(Le père tente de gifler le docteur. La gifle est évitée de justesse. Hippolyte se positionne entre le père et le docteur et c'est Hippolyte qui prend finalement la gifle.)

LE DOCTEUR : Hippolyte, sortez-moi ce fou ! Ce fou !

(Hippolyte fait sortir de force le père en furie du cabinet médical. La mère reste assise en larmes. Pendant ce temps, l'enfant se met à s'amuser avec les trombones et les stylos sur le bureau du docteur.)

TRISTAN : Aïe ! Aïe, aïe, aïe ! Mamaaannn ! Bobooo !

MADAME DE LA TRIFFE : Mon fils ! Mon biquet !

HIPPOLYTE : Le petit s'est enfoncé un trombone dans l'index, Professeur.

LE DOCTEUR : Mes trombones !

HIPPOLYTE : La plaie est transfixiante et le trombone rouillé arrive jusqu'à l'os !

LE DOCTEUR : Observation-Réaction, Hippolyte ? Préparez-moi le champ opératoire immédiatement !

(La maman s'effondre en larmes.)

LE DOCTEUR : Taisez-vous, Madame de La Triffe ! Comment voulez-vous que je me concentre pour opérer votre mioche ?

MADAME DE LA TRIFFE : Opérer ?

LE DOCTEUR : Ah Oui ! Nous allons opérer, Hippolyte, opérer ! Cela fait bien longtemps que je n'ai pas touché à un bistouri. Quelle chance inouïe ! Quelle émulation ! Je vais vous montrer de quoi je suis capable !

HIPPOLYTE : Je n'en doute pas, Professeur.

MADAME DE LA TRIFFE : Mais, il va pleurer, mon petit Tristan adoré !

LE DOCTEUR : Adoré, adoré… N'exagérons rien, Madame de La Triffe. Et puis, ne vous inquiétez pas. Les enfants c'est comme les chiens : plus ils sont petits, plus ils font du bruit ! Mais

Tristan est un grand garçon maintenant, n'est-ce pas mon petit ? Tu ne vas pas pleurer ni t'énerver, hein ? Pense à ton papa…

(Bruits du père tambourinant à la porte du cabinet.)

MADAME DE LA TRIFFE : (*se cachant la tête dans ses mains.)* Je ne veux pas voir ça !

HIPPOLYTE : Moi, non plus.

LE DOCTEUR : Hippolyte ! Coton ! Pinces ! Gants numéro 7 ! Ciseaux numéro 20, scalpel numéro 323 !

HIPPOLYTE : Scalpel ?

LE DOCTEUR : Oui, nous allons lui couper la dernière phalange du doigt.

HIPPOLYTE : Lui couper le doigt ? Mais c'est sa main gauche et il est gaucher, Professeur.

LE DOCTEUR : Eh oui, Hippolyte. Comme le disait mon maître, le célèbre Professeur Cisaille : « en chirurgie, pas de compromis » ! Je dirais même plus : chirurgie sans anesthésie égale ? Égale, Hippolyte ? « Chirurgie sans anesthésie égale cri » ! Allons-y ! Lumière ! Bistouri ! Lame 3018 !

HIPPOLYTE : Lame 3018, Professeur ?

LE DOCTEUR : Oui, lame 3018 ! Vous connaissez la devise des chirurgiens : « lorsqu'on sort une lame, pas d'état d'âme » ! Allons-y. Petit, ne bouge pas !

HIPPOLYTE : Un… deux… et…

LE DOCTEUR : Trois !

(Hurlements de l'enfant.)

Consultation IV

Jeudi

LE DOCTEUR, HIPPOLYTE, MONSIEUR LAMBRI, MONSIEUR MARTINEAU, MADAME CIBOULETTE, MADAME DA SILVA, MONSIEUR DA SILVA

LE DOCTEUR : Bonjour Hippolyte. Journal ! Café ! Je suis d'une humeur massacrante aujourd'hui !

HIPPOLYTE : (*timidement)* Euh… Bonjour Docteur.

LE DOCTEUR : Professeur ! P-R-O-F-E-S-S-E-U-R ! Il vous faudra encore combien d'années d'études médicales pour que cela rentre dans votre crâne ? PROFESSEUR ! La médecine, c'est la précision, P-R-E-C-I-S-I-O-N ! Allez, café, sucre, touillette, quel jour ?

HIPPOLYTE : On est jeudi, Professeur Marie-Clotilde Ciboulot. Et le jeudi…

LE DOCTEUR : On reste au lit.

HIPPOLYTE : Le jeudi, c'est neurologie.

LE DOCTEUR : C'est bien, vous suivez, Hypocrite, c'est bien.

HIPPOLYTE : Hippolyte, Professeur !

LE DOCTEUR : Hippolyte, hypocrite, Hippocrate, tout cela c'est un peu la même chose, non ?

HIPPOLYTE : En tout cas, aujourd'hui, c'est neurologie.

(Hippolyte remplace la pancarte « PEDIATRIE » par « NEUROLOGIE ».)

LE DOCTEUR : Le jeudi, je suis neurologue. Ah, la neurologie ! La plus belle discipline médicale ! C'est vraiment LA spécialité du sens clinique. Je suis sûre que nous allons faire de magnifiques diagnostics ! La neurologie nécessite une parfaite connaissance anatomique du corps humain et des voies de conduction nerveuses. Elle est basée sur l'O-B-S-E-R-V-A-T-I-O-N ! L'observation du cerveau. Ouvrez grands vos yeux le jeudi, Hippolyte ! Vous êtes en quelle année d'internat, déjà ?

HIPPOLYTE : Troisième et en tout bac + 9 bientôt !

LE DOCTEUR : Ne soyez pas trop sûr de vous, surtout dans le domaine de la neurologie. Alors, avec un bac + 9, vous est-il déjà arrivé d'observer ?

HIPPOLYTE : Oui. Vous savez, lors de mon précédent stage dans les hôpitaux parisiens, j'ai observé un fait très intéressant : 75 % des aides-soignantes sont de couleur noire et 90 % des médecins sont des blancs ! C'est choquant !

LE DOCTEUR : Mouais…

HIPPOLYTE : Autre observation, Professeur ! 80 % des personnes sur la planète ont besoin de soins primaires comme la vaccination, la lutte contre la dénutrition… Et figurez-vous que 90 % de l'argent public est mis dans des soins non pas primaires, mais tertiaires comme la promotion de l'imagerie par scintigraphie nucléaire, le développement de la stimulation cérébrale..., c'est fou, non ?

LE DOCTEUR : Mouais.

HIPPOLYTE : Devant cette inégalité sanitaire, trois sortes de questions se posent : des questions politiques d'orientation, des questions de modalités opérationnelles et enfin, la nécessité de prioriser les programmes qui sont soumis bien sûr à des contraintes d'économie budgétaire.

LE DOCTEUR : Je vous ai demandé d'observer, Hippolyte, pas de réfléchir. La médecine, c'est l'observation ! À chaque métier ses compétences. Allons-y : marteau, stétho, boulot. Premier patient ?

MONSIEUR LAMBRI : Bonjour Madame le Professeur Ciboulot. Aidez-moi, par pitié, j'ai trop mal !

LE DOCTEUR : Ah ! Monsieur Lambri ! Vendredi, j'ai dit. Dehors ! Vite !

HIPPOLYTE : Cela vous fera 46 euros, Monsieur Lambri. Cartes bancaires et chèques non acceptés par la maison.

(Le patient paye puis sort péniblement en se pliant de douleur sous le regard indifférent du médecin.)

LE DOCTEUR : Patient médiocre, n'est-ce pas Hippolyte ? Je ne sais pas vous, mais moi je ne supporte pas la médiocrité ! La médecine, c'est l'excellence, Hippolyte, l'E-X-C-E-L-L-E-N-C-E ! Notez ça petit, notez ça ! Et vous irez loin. Bon, allez me chercher notre premier vrai patient neurologique.

MONSIEUR MARTINEAU : Bonjour, Docteur.

LE DOCTEUR : Bonjour, Monsieur Martineau, quel bon vent vous amène ?

MONSIEUR MARTINEAU : J'ai mal, Docteur !

LE DOCTEUR : Comme tous les patients, vous savez.

MONSIEUR MARTINEAU : Je souffre terriblement !

LE DOCTEUR : Vous aussi. Décidément ! Et il souffre où Monsieur Martineau ?

MONSIEUR MARTINEAU : Je souffre là. Derrière l'oreille.

LE DOCTEUR : Plutôt original. Mais encore, précisez.

MONSIEUR MARTINEAU : J'ai mal aussi derrière les yeux, dans le cerveau et parfois ça part dans les dents. C'est atroce et cela va même jusqu'au fond de la gorge.

LE DOCTEUR : Vous arrivez quand même à parler. Bien. Localisation de la douleur : impossible. Depuis combien de temps, il a mal ?

MONSIEUR MARTINEAU : Depuis que je me suis coincé la main dans un truc à l'anniversaire de ma cousine.

LE DOCTEUR : Bien évidemment, tout le monde connaît la date d'anniversaire de votre cousine ! Donc depuis quand vous avez mal ?

MONSIEUR MARTINEAU : Eh bien, j'ai mal depuis que je m'en suis plaint.

HIPPOLYTE : Implacable !

LE DOCTEUR : Bien. Datation de la douleur : impossible, Hippolyte. Impossible ! Il s'agit de quelle sorte de douleur, Monsieur Martineau ?

MONSIEUR MARTINEAU : Ça tire, et parfois ça serre. Et lorsque mon oreille tiraille, j'ai des brûlures intolérables dans la gorge.

LE DOCTEUR : Bien. Qualification de la douleur : impossible, Hippolyte !

HIPPOLYTE : (*prenant en assurance)* Combien mesurez-vous, Monsieur Martineau ?

MONSIEUR MARTINEAU : Euh...

LE DOCTEUR : Hippolyte, ne posez pas ce genre de question !

HIPPOLYTE : Mais vous l'avez fait la dernière fois ?

LE DOCTEUR : Oui, mais parce que c'est moi. Un bon conseil, en tant que débutant, ne demandez jamais à un patient sa taille. C'est une perte de temps. Le malade hésite toujours dix bonnes minutes avant de vous donner un résultat correct alors que sa taille n'a pas changé depuis sa jeune adolescence ! C'est un chiffre immuable comme les tables de multiplication et pourtant comme elles, on hésite toujours. Mettez une taille au pif, croyez-moi. Efficacité, rapidité ! Les maîtres mots d'une consultation qui rapporte.

HIPPOLYTE : Hum...

LE DOCTEUR : Bon, à part votre douleur qui n'est peut-être pas d'origine neurologique, quel bon vent vous amène Monsieur Martineau ?

MONSIEUR MARTINEAU : Je boite.

LE DOCTEUR : Curieux pour quelqu'un qui a mal à l'oreille ?

MONSIEUR MARTINEAU : Oui, je boite !

LE DOCTEUR : Monsieur Martineau boite. Essayons d'être plus précis. Il boite le jour, la nuit ?

MONSIEUR MARTINEAU : Plutôt le jour.

LE DOCTEUR : Bon, et vous boitez assis ? Couché ? Debout ?

MONSIEUR MARTINEAU : Plutôt debout, Docteur.

LE DOCTEUR : Avec un pied ? Deux pieds ? Trois ?

MONSIEUR MARTINEAU : Avec un pied : le pied droit !

LE DOCTEUR : Ah, mais c'est qu'il vient enfin de me faire une réponse claire et précise, Monsieur Martineau ! Et je suppose qu'il est droitier ?

MONSIEUR MARTINEAU : Je suis droitier de la main droite…

HIPPOLYTE : On est rarement droitier de la main gauche.

MONSIEUR MARTINEAU : Je suis droitier de la main droite… mais pas du pied.

HIPPOLYT E : Ne vous inquiétez pas, avec le Professeur Marie-Clotilde Ciboulot, vous êtes entre de bonnes mains.

LE DOCTEUR : Et puis, l'essentiel, c'est d'être droitier dans sa tête, Monsieur Martineau. N'est-ce pas Hippolyte ?

LE DOCTEUR ET HIPPOLYTE : *(en chœur)* Ah ! Ah ! Ah !

LE DOCTEUR : Trêve de plaisanterie, nous allons faire de la belle neurologie, Hippolyte, de la très belle sémiologie neurologique ! Examen clinique ! Déshabillez-vous ! Allez, à poil !

HIPPOLYTE : Vous pouvez garder le slip, Monsieur.

LE DOCTEUR : Asseyez-vous.

(Le patient s'allonge sur la table d'examen.)

LE DOCTEUR : Asseyez-vous !

(Le patient désolé s'assied. Hippolyte s'esclaffe dans son coin.)

LE DOCTEUR : *(irrité)* Une remarque, Hippolyte, vous le spécialiste entre autres des mammifères non humains ?

HIPPOLYTE : Oui, Docteur, euh Professeur. D'après mes données personnelles, après 26 ans d'observation, le taux de bonnes réponses chez le chien après dressage lorsqu'on lui demande de s'asseoir est de 90 %. La part d'erreur c'est-à-dire la probabilité qu'un chien se couche alors qu'on lui demande de s'asseoir est très faible, proche de 10 %. À l'inverse, toujours selon des sources personnelles, le taux d'erreur chez l'homme, c'est-à-dire la probabilité qu'un humain se couche alors qu'on lui demande de s'asseoir sur la table d'examen d'un médecin, est excessivement élevé avoisinant les 75 %.

LE DOCTEUR : Fascinant, Hippolyte, F-A-S-C-I-N-A-N-T ! Maintenant, étudions de plus près votre théorie en sens inverse : allongez-vous Monsieur Martineau.

(Monsieur Martineau, alors assis, hésite puis s'allonge sur la table d'examen l'air victorieux.)

LE DOCTEUR : Excellent ! Excellent ! Mais c'est que vous faites chuter le taux d'erreur de l'espèce humaine Monsieur Martineau !

HIPPOLYTE : Fascinant ! Fascinant !

LE DOCTEUR : Excellente journée, Hippolyte !

HIPPOLYTE : Excellente, Professeur.

LE DOCTEUR : Reprenons notre splendide consultation. Beau biceps, Monsieur Martineau ! Quels beaux pectoraux ! Ah, et vos quadriceps. Magnifiques ! Regardez Hippolyte. Palpez-moi ça. Que du muscle !

HIPPOLYTE : (*en palpant l'abdomen du patient)* Et un peu de gras tout de même…

LE DOCTEUR : Mais c'est qu'il a aussi de bien beaux mollets, Monsieur Martineau. Pour quelqu'un qui a du mal à marcher…

MONSIEUR MARTINEAU : Que voulez-vous dire ?

LE DOCTEUR : Je ne dis rien, j'observe ! Allez, Monsieur Martineau, il va nous montrer comment il marche.

(Le patient se met à marcher en ligne droite en boitant terriblement.)

LE DOCTEUR : Allez-y, Hippolyte : faites-moi le test de la marche !

HIPPOLYTE : Ça marche. À moi, à l'action ! Marchez un pied devant l'autre Monsieur, comme sur un fil.

(Le patient marche prudemment en boitant.)

HIPPOLYTE : Maintenant, les yeux fermés ! En avant ! En arrière !

(Le patient exécute les conseils en faisant d'énormes efforts pour ne pas trébucher.)

LE DOCTEUR : Observation, conclusion, Hippolyte ?

HIPPOLYTE : Test de la marche négatif : pas de chute !

(Hippolyte se met à pousser en avant puis en arrière le patient qui se rattrape in extremis.)

LE DOCTEUR : Observation-conclusion, Hippolyte ?

HIPPOLYTE : Test de la poussée négatif : pas de chute !

LE DOCTEUR : Vous êtes bien décevant Monsieur Martineau. Je m'attendais à avoir mieux. Bon, allez, diagnostic : vous avez un syndrome post-chute.

MONSIEUR MARTINEAU : Mais je ne suis pas tombé, Docteur !

LE DOCTEUR : Vous auriez pu. Prenez-moi deux comprimés de Tanganouille matin, midi et soir, et vous verrez, vous serez en pleine forme d'ici quelques mois. Et puis, en dernier recours, il y aura le fauteuil roulant, comme cela au moins, vous ne boiterez plus. Ah ! Ah ! Ah ! Allez, au revoir et à bientôt. Quarante-six euros.

(Le patient sort.)

LE DOCTEUR : Alors, Hippolyte, diagnostic ?

HIPPOLYTE : Euh…

LE DOCTEUR : Douleur + boiterie = hystérie ! Maladie classique, banale, incurable !

HIPPOLYTE : Marteau, stétho, boulot. Patient suivant !

LE DOCTEUR : Vous vous émancipez, Hippolyte ! Donnez-moi le nom du prochain patient ?

HIPPOLYTE : Madame Ciboulette, Professeur Ciboulot.

LE DOCTEUR : Madame Ciboulette ! Mmm… ça ne m'inspire rien de chouette.

MADAME CIBOULETTE : Bonjour, Professeur. Je crois que quelque chose ne va pas bien dans ma tête.

LE DOCTEUR : Mais encore Madame Ciboulette ?

MADAME CIBOULETTE : J'ai mal à la tête.

LE DOCTEUR : Moi aussi, vous savez…

HIPPOLYTE : Vous êtes de la même famille ?

LE DOCTEUR : Hippolyte, je ne vous permets pas ces insultes à mon égard ! Je n'ai jamais vu cette personne.

MADAME CIBOULETTE : Merci !

HIPPOLYTE : Ciboulette, Ciboulot, cela peut prêter à confusion… Professeur Ciboulot.

MADAME CIBOULETTE : Oui, c'est vrai, je suis assez confuse en ce moment.

LE DOCTEUR : En plus du mal de tête ?

MADAME CIBOULETTE : Oui, Docteur. C'est-à-dire que je suis assez perturbée… par…

LE DOCTEUR : Par ?

MADAME CIBOULETTE : Ce qui m'est arrivé récemment.

LE DOCTEUR : Récemment ?

MADAME CIBOULETTE : Oui, c'est que…

LE DOCTEUR ET HIPPOLYTE : Que ?

MADAME CIBOULETTE : Que la nuit dernière, c'était la pleine lune et…

LE DOCTEUR ET HIPPOLYTE : Et ?

MADAME CIBOULETTE : Et j'étais dans le lit avec…

LE DOCTEUR ET HIPPOLYTE : Avec ?

MADAME CIBOULETTE : Avec mon mari.

LE DOCTEUR : Jusque-là, les choses me semblent plutôt logiques, Madame Ciboulette.

MADAME CIBOULETTE : Et… en ce soir de pleine lune, je…

HIPPOLYTE : Vous étiez mal lunée, c'est ça ?

MADAME CIBOULETTE : Oh, non, j'étais très bien lunée même.

LE DOCTEUR : Alors, vous étiez angoissée, vous aviez trop bu, vous étiez droguée, comme toutes les femmes de votre âge, c'est ça ?

MADAME CIBOULETTE : Oh, non, Docteur ! Avec mon mari, comment dire… on faisait l'amour et…

LE DOCTEUR ET HIPPOLYTE : Et ?

MADAME CIBOULETTE : Et c'était vraiment très bien, de mieux en mieux et…

LE DOCTEUR ET HIPPOLYTE : Et ?

MADAME CIBOULETTE : Et tout d'un coup…

LE DOCTEUR ET HIPPOLYTE : Tout d'un coup ?

MADAME CIBOULETTE : J'ai senti…

LE DOCTEUR ET HIPPOLYTE : Senti ?

MADAME CIBOULETTE : J'ai senti un violent coup de…

LE DOCTEUR ET HIPPOLYTE : De ?

MADAME CIBOULETTE : De mal de tête ! Mais vraiment très violent, comme jamais, Docteur !

LE DOCTEUR : Ce que vous me racontez n'a ni queue ni tête, Madame Ciboulette.

HIPPOLYTE : Enfin, si quand même un peu…

LE DOCTEUR ET MADAME CIBOULETTE : Hein ?

HIPPOLYTE : C'est ce que les neurologues appellent la céphalée post-coïtale !

LE DOCTEUR : Ah, mais, dites donc Hippolyte, je constate que vous vous y connaissez en sexualité ?

HIPPOLYTE : Ben…

LE DOCTEUR : Pourtant, on ne dirait pas comme ça, en vous voyant. Vous me surprenez, mon petit, vous me surprenez ! Mais, ne soyez pas gêné. Les femmes adorent être surprises par un homme. C'est plutôt très stimulant tout ça ! Cela me donne une idée : je vais vous apprendre bien plus que la médecine, Hippolyte, vous savez, bien plus…

HIPPOLYTE : Euh…

LE DOCTEUR : Ce n'est pas le moment, j'en conviens. Bon, revenons à nos ciboulettes. Alors, ce mal de tête, c'est qu'il est vraiment complexe, Madame Ciboulette, complexe.

MADAME CIBOULETTE : Justement, comme vous êtes un grand Professeur, j'ai pensé que vous connaîtriez de nouveaux traitements pour me soigner.

LE DOCTEUR : Vous avez pensé que… grave erreur, Madame Ciboulette. Avec le nom et la tête que vous avez, il ne faut pas penser. Et puis vous savez, avec 7 à 8 millions de migraineux en France, si je connaissais le remède miracle, je serais riche ! Ah ! Ah ! Ah ! J'aurais déjà arrêté mon métier et je ne serais pas là en train de perdre mon temps avec vous, chère amie ! Ah ! Ah ! Ah !

HIPPOLYTE : Ah, c'est une amie ? Vous voyez bien que vous la connaissez ?

LE DOCTEUR : Cela ne va pas la tête ?

MADAME CIBOULETTE : Oui, c'est exactement ça, cela ne va pas dans ma tête.

LE DOCTEUR : Je vous l'ai déjà dit : avec votre tête et votre nom, ne pensez plus à rien et… je ne sais pas… mettez-vous au jardinage par exemple, Madame Ciboulette. Comme disait mon ami le célèbre Professeur Planteverte : « Il n'y a pas d'âge pour le jardinage ». En cas de céphalées rebelles, appliquez un peu de glace sur votre front, cela devrait vous refroidir. Vous avez trop chaud.

MADAME CIBOULETTE : Trop chaud, Professeur Ciboulot ?

LE DOCTEUR : Oui, mettez-vous ça dans la tête, Madame Ciboulette ! Vous avez trop chaud. Cela doit être la ménopause qui arrive.

MADAME CIBOULETTE : Mais, je n'ai que 28 ans.

LE DOCTEUR : Eh bien, la ménopause, c'est comme le jardinage, il n'y a pas d'âge ! Et puis, vous êtes certainement précoce, Madame Ciboulette, précoce. Vous devriez être contente d'être précoce au moins dans un domaine.

LE DOCTEUR ET HIPPOLYTE : *(riant aux éclats)* Ah ! Ah ! Ah !

MADAME CIBOULETTE : J'ai pensé que vous pourriez aussi me prescrire des semelles orthopédiques, Professeur Ciboulot ?

LE DOCTEUR : Des semelles ? Des semelles pour le mal de tête ? Vous marchez sur la tête, Madame Ciboulette !

MADAME CIBOULETTE : Oui, j'ai un ami, il avait la même chose que moi et depuis qu'il porte des semelles pour des pieds creux, il est guéri.

HIPPOLYTE : Vous, c'est plutôt la tête qui est creuse.

LE DOCTEUR ET HIPPOLYTE : *(riant de nouveau aux éclats)* Ah ! Ah ! Ah !

MADAME CIBOULETTE : S'il vous plaît, Professeur, faites-moi cette prescription !

LE DOCTEUR : *(énervé)* Vous vous entêtez ! Je vous dis que je m'occupe de la tête, Madame Ciboulette, et non des pieds, de la TÊTE ! D'ailleurs, vous me prenez la tête !

HIPPOLYTE : Pourtant il vaut mieux prendre son pied que de se prendre la tête…

LE DOCTEUR : *(encore plus énervé)* Dehors, Madame Ciboulette ! Je ne veux plus voir votre tête. Dehors !

MADAME CIBOULETTE : Vous me mettez dehors, Professeur ! Mais vous vous payez ma tête ?

LE DOCTEUR : Exactement Madame Ciboulette !

HIPPOLYTE : Et 46 euros au pied levé !

LE DOCTEUR ET HIPPOLYTE : *(riant aux éclats)* Ah ! Ah ! Ah !

(La patiente sort choquée.)

LE DOCTEUR : Migraine ! Maladie classique, banale, incurable !

LE DOCTEUR ET HIPPOLYTE : *(riant aux éclats)* Ah ! Ah ! Ah !

LE DOCTEUR : C'est bien mon petit. Comme me disait en 1998 mon patron le brillant Professeur Grosse Tête : « vous irez loin, vous irez loin ». Et puis, ne l'oubliez jamais : avec MOI, vous êtes à bonne école. Allez : marteau, stétho, dodo ! Euh, pardon : marteau, stétho, boulot ! Patient suivant !

HIPPOLYTE : Voici Monsieur Da Silva.

LE DOCTEUR : Da Silva, Da Silva, ce n'est pas très français tout ça, non ? Madame Bronche, Monsieur Laporte, Monsieur de La Tournière, ça c'est bien de chez nous. Monsieur de La Triffe, Monsieur Martineau, même Monsieur Lambri, ce sont des noms français, c'est sûr. Mais… Da Silva… Da Silva… C'est italien ?

HIPPOLYTE : Euh… non, je ne crois pas.

LE DOCTEUR : Attendez, c'est espagnol ! Non ? Alors, c'est… allemand ? Belge ? Polonais ? Ce n'est tout de même pas maghrébin au moins ?

HIPPOLYTE : C'est portugais, Professeur.

LE DOCTEUR : Ce n'est pas beaucoup mieux ! Je ne supporte pas la médiocrité.

HIPPOLYTE : (*s'adressant au public)* Ces propos sont ignobles ! En plus d'être dépassée, colérique, hautaine et méchante, elle est raciste. Cette femme est un monstre !

(Le patient et son épouse à l'accent portugais entrent. Le médecin et l'interne sursautent.)

LE DOCTEUR : Quel mauvais vent vous amène, Madame Da Silva ?

MADAME DA SILVA : Bonjour, Professeur, je vous amène mon mari. Il a des troubles de la mémoire. Il perd tout et il oublie tout depuis au moins 6 mois. On lui a fait un examen des yeux, on n'a rien trouvé. Il a eu un scanner des poumons : rien. Une IRM du foie : rien.

Une échographie de la prostate : rien. On n'a rien trouvé ! Rien ! Rien ! Rien ! Ce n'est pas possible.

LE DOCTEUR : Et oui, Madame Da Silva, parfois, la médecine est décevante. Mais si personne ne lui a rien trouvé, pourquoi venez-vous me voir ?

MADAME DA SILVA : Parce que vous êtes Professeur, Professeur.

MONSIEUR DA SILVA : Oui, on nous a dit que vous étiez un grand Professeur.

LE DOCTEUR : Bien sûr. C'est évident ! La médecine, c'est l'excellence, Monsieur Da Silva. Et en tant que Professeur, je vais vous trouver un beau diagnostic. Un vrai !

MONSIEUR ET MADAME DA SILVA : (*en chœur)* Oh, merci Professeur.

LE DOCTEUR : Tout d'abord, avez-vous des hallucinations ? Vous arrive-t-il de voir des choses qui n'existent pas, Monsieur Da Silva ?

MADAME DA SILVA : Le docteur te demande si tu vois des trucs bizarres ?

MONSIEUR DA SILVA : Je vois le docteur.

LE DOCTEUR : Ne soyez pas désagréable, Monsieur Da Silva. Pas déjà !

HIPPOLYTE : Vous arrive-t-il de voir une personne qui vous veut du mal ?

MONSIEUR DA SILVA : Le docteur.

MADAME DA SILVA : Voyons, Manuel !

HIPPOLYTE : Vous arrive-t-il de voir un chat qui passe, un enfant qui court ?

MONSIEUR DA SILVA : Je vois des briques.

HIPPOLYTE : Des briques ?

MONSIEUR DA SILVA : Oui, je vois des briques. Tous les jours.

LE DOCTEUR : Vous travaillez trop Monsieur Da Silva, vous travaillez trop. Trop de travaux manuels !

MADAME DA SILVA : Eh oui, Manuel…

LE DOCTEUR : C'est comme Fernando, mon maçon. Il travaille sur le chantier de ma future maison. Je lui dis à chaque fois : Fernando, arrêtez de travailler le dimanche jusqu'à deux heures du matin, c'est trop. Trop ! Arrêtez-vous à minuit, enfin ! Mais, tant que j'y pense, vous êtes de quelle origine, Monsieur et Madame Da Silva ?

HIPPOLYTE : Portugaise, je vous l'ai déjà dit, Professeur. Je ne vois pas ce que cela change ?

LE DOCTEUR : Je veux m'en assurer, voilà tout. Alors ?

MADAME DA SILVA : D'origine portugaise, Professeur.

LE DOCTEUR : Tous les deux ?

MADAME DA SILVA : Oui, tous les deux.

LE DOCTEUR : Pas de chance. On ne choisit pas.

HIPPOLYTE : *(s'adressant au public)* Ce médecin est vraiment horrible. Je la déteste !

LE DOCTEUR : Votre niveau d'étude, Monsieur Da Silva ?

HIPPOLYTE : Enfin une question pertinente, Professeur ! Vous savez que des chercheurs ont montré qu'un niveau d'étude bas était corrélé à un haut risque de démence. L'inégalité scolaire dès le plus jeune âge peut donc avoir des répercussions tardives sur l'état de santé mentale d'une population. Quelle injustice !

LE DOCTEUR : Hippolyte le justicier, taisez-vous ! Et je vous interdis de me parler de façon aussi sèche !

HIPPOLYTE : Justement, Professeur, savez-vous que la seiche est une espèce de céphalopodes captivante ? La *Sepia officinalis*, de son nom usuel seiche commune, possède 3 cœurs ! Trois cœurs et chose rarissime pour un mollusque : un cerveau, fusion de plusieurs ganglions cérébroïdes, aux capacités d'apprentissage et de mémorisation exceptionnelles !

LE DOCTEUR : *(énervé)* Taisez-vous, Hippolyte. Nous ne sommes pas en face d'un mollusque, mais de Monsieur Da Silva, que je sèche ! Euh… que je SACHE !

HIPPOLYTE : Ah ! Ah ! Je vous ai séchée !

LE DOCTEUR : *(de plus en plus énervé)* Bon, Hippolyte, allez-vous laver les mains !

HIPPOLYTE : Mais… pourquoi ?

LE DOCTEUR : Allez vous laver les mains, c'est un ordre ! Cela vous occupera utilement.

(Hippolyte s'exécute)

LE DOCTEUR : *(en criant)* Et revenez avec les mains propres. Propres et… sèches !

HIPPOLYTE : Ah ! Ah ! Ah ! Excellent, Professeur Ciboulot, excellent !

LE DOCTEUR : Je reprends donc Monsieur Da Silva, quel est votre niveau d'étude ?

MADAME DA SILVA : C'est-à-dire que mon mari devait travailler pour nourrir sa famille. Il a arrêté l'école en classe de troisième.

LE DOCTEUR : Niveau d'étude pire que le vôtre, Hippolyte ! Vous êtes en quelle année d'internat ?

HIPPOLYTE : (*qui est revenu sur son siège)* Troisième année, Professeur, comme hier.

LE DOCTEUR : Alors, quels tests faire devant des troubles de la mémoire chez un patient de 70 ans ?

HIPPOLYTE : Euh… un scanner cérébral ?

LE DOCTEUR : Non.

HIPPOLYTE : Une IRM cérébrale ?

LE DOCTEUR : Non ! Non ! Et non ! Des tests de mémoire ! Vous êtes encore jeune, vous les apprendrez quand vous aurez 70 ans, ne vous en faites pas. Alors, premier test ? Le MMS.

HIPPOLYTE : (*ironique)* C'est un bonbon ?

LE DOCTEUR : *(accent anglais)* Le MMS : Mini Mental State !

MADAME DA SILVA : Mon Dieu !

LE DOCTEUR : Vous êtes prêt, Monsieur Da Silva ? Top chrono, c'est parti ! Quel jour sommes-nous ?

MONSIEUR DA SILVA : Ben…

LE DOCTEUR : Moins 1 point, Monsieur Da Costa !

HIPPOLYTE : *(notant les points sur un petit carnet)* Monsieur Da Silva, Professeur, DA SILVA !

LE DOCTEUR : Dans quel pays sommes-nous, Monsieur Da Silva ?

MONSIEUR DA SILVA : Au Portugal ?

LE DOCTEUR : Moins 1 point ! Même, mettez-lui 2 points en moins, Hippolyte ! Nous sommes en France ! En France, Monsieur Da Silva. Savez-vous dans quelle structure vous êtes ?

MONSIEUR DA SILVA : Au supermarché ?

LE DOCTEUR : Moins 1 point ! Savez-vous qui je suis ?

MONSIEUR DA SILVA : Le Professeur ?

LE DOCTEUR : Bien. Très bien. Très très bien ! Plus 1 point ! Notez Hippolyte. Notez. Bon, maintenant, quel est le prénom de votre femme, Monsieur Da Silva ? Enfin, pas besoin d'attendre la réponse. Enlevez 1 point directement, Hippolyte. Bon, quel est le score final de ce MMS, en sachant qu'on commence à évoquer le diagnostic de démence pour un score en dessous de 20 sur 30 ?

HIPPOLYTE : Le score est de 1 sur 30, Professeur !

LE DOCTEUR : Et où a-t-il marqué un point, Monsieur Da Silva ?

HIPPOLYTE : À Professeur, Professeur.

LE DOCTEUR : Bien, Monsieur Da Silva. Test suivant : la BREF ! Batterie Rapide d'Efficience Frontale.

MADAME DA SILVA : Mon Dieu !

LE DOCTEUR : Rassurez-vous, cela ne fait pas mal, Madame. Alors, mon brave, question numéro un : en quoi se ressemblent une orange et une banane ?

MONSIEUR DA SILVA : Ben, une banane… c'est jaune et une orange… c'est orange.

LE DOCTEUR : Je répète : en quoi se RESSEMBLENT une orange et une banane ?

HIPPOLYTE : Ce sont des ?

MONSIEUR DA SILVA : Et bien une banane, c'est allongé, une orange c'est rond.

LE DOCTEUR : Monsieur Da Costa, concentrez-vous, enfin !

HIPPOLYTE : Monsieur Da Silva, Professeur, Da Silva !

LE DOCTEUR : Monsieur Da Silva, je vous demande une dernière fois le point commun entre une banane et une orange ? Pas la différence, mais le point commun. LE POINT COMMUN ! Ce n'est pourtant pas compliqué ! C'est quoi ce patient dégénéré ? Même un interne en médecine ne me fait pas des réponses aussi stupides !

MADAME DA SILVA : Mon Dieu !

LE DOCTEUR : Allez, je vous réexplique : par exemple, si je vous dis, en quoi se ressemblent un singe, un éléphant et une tortue, vous me dites : ce sont des ?

HIPPOLYTE : Des animaux !

LE DOCTEUR : Vous voyez, Monsieur Da Costa, même un interne sait répondre correctement !

HIPPOLYTE : Interne en troisième année, tout de même !

MADAME DA SILVA : Mon Dieu, doux Jésus…

LE DOCTEUR : Et vous, arrêtez de jurer comme ça, Madame Da Costa !

HIPPOLYTE : Madame Da Silva, Professeur. D-A S-I-L-V-A !

LE DOCTEUR : Da Costa, Da Silva, c'est un peu la même chose, non ?

HIPPOLYTE : Ben, pas vraiment. C'est un peu comme si au lieu de vous appeler Professeur Ciboulot, on vous appelait Professeur Ciboulette.

LE DOCTEUR : Très drôle ! Bon, où avais-je la tête ? On reprend. À vous Monsieur Da Silva : en quoi se RESSEMBLENT une table et une chaise ? Ce sont des ? Des ?

MONSIEUR DA SILVA : Eh bien… euh… une table, c'est pour manger et une chaise pour s'asseoir.

HIPPOLYTE : Ce sont des meubles, Monsieur Da Silva.

LE DOCTEUR : Mais ce patient n'arrive à rien ! Il a le cerveau d'un âne ?

HIPPOLYTE : Un âne possède un cerveau de mammifère tout de même, Professeur !

LE DOCTEUR : Ah, j'en ai marre ! J'en ai maaarrreee ! Je n'ai pas fait 15 ans d'études pour faire de la médecine vétérinaire !

HIPPOLYTE : Vous savez qu'il faut 16 années d'études pour faire véto, Professeur, 16 !

LE DOCTEUR : Bon, pas de panique, question numéro deux : citez-moi tous les mots que vous connaissez qui commencent par la lettre « S » !

MONSIEUR DA SILVA : Euh…

HIPPOLYTE : Comme Soleil, Sourire…

MONSIEUR DA SILVA : Euh…

LE DOCTEUR : Non. Pas par un « E », mais par un « S » ! Un « S » ! Allez un petit effort ! « S » comme Sarcastique, Sardonique, Sadique.

MONSIEUR DA SILVA : Euh…

MADAME DA SILVA : Mon Dieu !

HIPPOLYTE : Ça ne commence pas par un « S » !

LE DOCTEUR : Ces mots sont trop compliqués pour vous. Voyons… « S » comme Salopette, Sardine, « S » comme Cigare, Ciment… Plus simple encore : « S » comme Seau d'eau, Sol, Serpillière, vous connaissez ça ?

MADAME DA SILVA : Oh, oui, Professeur !

LE DOCTEUR : Bon, on change de lettre. Trouvez-moi des mots qui commencent par « CH ».

MONSIEUR DA SILVA : *(fort accent portugais)* Cha, ch'est bon, ch'est plus facile !

LE DOCTEUR : Ah ! Voilà, on y arrive. Trois mots justes dans la même phrase ! Excellent, Monsieur Da Silva. Excellent !

LE DOCTEUR : Résultats du BREF, Hippolyte ?

HIPPOLYTE : Un sur 18, Professeur.

LE DOCTEUR : Bref, passons à l'examen clinique. Déshabillez-vous, Monsieur Da Silva, sauf le slip.

(Le patient s'allonge sur la table d'examen.)

LE DOCTEUR : Venez voir Hippolyte, la magie de l'examen neurologique, la finesse de la sémiologie. Asseyez-vous sur le bord, Monsieur Da Silva, et détendez-vous.

(Le malade s'assied. Le médecin frappe avec son marteau réflexe sur la rotule et la jambe s'étend.)

LE DOCTEUR : Magnifique. Vous avez vu ? Qu'est-ce que c'est ?

HIPPOLYTE : Le réflexe ostéotendineux.

LE DOCTEUR : Excellent, Hippolyte. Vous irez loin. C'est un réflexe ostéotendineux ! Asseyez-vous là.

(Hippolyte se met sur la table d'examen à côté du patient.)

LE DOCTEUR : Observez bien, Hippolyte. Je tape sur votre genou. Extension réflexe de votre jambe sur votre cuisse. Fabuleux ! C'est le réflexe rotulien. Maintenant, regardez bien. Je tape sur la rotule de Monsieur Da Silva et... magie ! Extension réflexe de sa jambe sur sa cuisse. Le réflexe rotulien. Extraordinaire ! Observation-conclusion, Hippolyte ?

HIPPOLYTE : Euh...

LE DOCTEUR : Vous avez avec le patient exactement la même réponse à la même stimulation.

Observation : je tape le genou d'un cerveau complètement crétin *(Le docteur frappe sur la rotule du patient.)* : extension de la jambe. Je tape sur le genou d'un cerveau hautement intelligent *(Le docteur frappe sur la rotule de l'interne.)* et extension de la jambe.

Conclusion : le trajet neuronal du réflexe rotulien ne passe PAS par le cerveau ! C'est un réflexe dont le trajet nerveux se cantonne à la moelle. Ah, c'est fabuleux la neurologie, fabuleux ! Je devrais être neurologue tous les jours.

HIPPOLYTE : Quel est votre diagnostic final, Professeur après tous ces tests et toutes ces observations ?

MADAME DA SILVA : Oui, Docteur, c'est vrai, qu'est-ce qu'il a ?

LE DOCTEUR : Alors Synthèse. Tests cognitifs : MMS = 1/30 et BREF = 1/18. Troubles cognitifs sévères avec réflexe rotulien préservé. Conclusion : il a le cerveau d'un mollusque, Hippolyte ! D'un MOLLUSQUE !

HIPPOLYTE : Les mollusques n'ont pas de cerveau, Professeur ! À part la seiche… 1 cerveau, 3 cœurs et 8 tentacules… mais Monsieur Da Silva n'a pas vraiment le profil d'une seiche… même commune ?

LE DOCTEUR : *(en chuchotant à Hippolyte)* Enfin bon, il est complètement dément !

MADAME DA SILVA : Docteur, qu'est-ce qu'il a ? Dites-moi la vérité !

LE DOCTEUR : Dites-lui Hippolyte !

HIPPOLYTE : Eh bien, il présente une hyperphosphorylation de la protéine tau intracérébrale qui induit une dégénérescence neurofibrillaire associée à des dépôts de protéines béta-amyloïdes anormales dans ses lobes pariétaux et temporaux.

MADAME DA SILVA : Mon Dieu !

LE DOCTEUR : Ne vous inquiétez pas, Madame Da Silva. Même moi, je ne comprends pas tout ce qu'il dit, cet interne !

HIPPOLYTE : En deux mots, votre mari est atteint de la maladie d'Alzheimer.

MADAME DA SILVA : Doux Jésus, mais vous êtes sûre, Docteur ?

LE DOCTEUR : Dites-lui Hippolyte.

HIPPOLYTE : Et bien pour être exact, il s'agit du diagnostic de maladie d'Alzheimer probable. Mais, rassurez-vous, vous aurez d'ici quelques mois le diagnostic de certitude par l'autopsie cérébrale.

MADAME DA SILVA : Ah ! Et c'est grave, Docteur ?

LE DOCTEUR : Dites-lui, Hippolyte.

HIPPOLYTE : Oui, assez…

MADAME DA SILVA : Qu'est-ce qu'on va devenir, Docteur ?

LE DOCTEUR : Vous, je ne sais pas. Mais pour votre mari, j'ai ma petite idée…

MADAME DA SILVA : *(les yeux au ciel)* Ah ! Quelle misère ! Déjà qu'on a du mal à joindre les deux bouts.

LE DOCTEUR : Eh bien, justement, restez assise, Madame Da Silva. Ne vous en faites pas, ON va s'en sortir ! Il est costaud, votre mari, hein ? Un portugais maçon, c'est costaud, ça résiste à tout. N'est-ce pas Monsieur Da Costa ? Vous êtes un battant. Un cerveau de mollusque, mais un corps aussi fort qu'un cheval ! D'ailleurs, je vais vous prescrire un traitement en rapport. Notez Hippolyte :

– Le matin à 7 h 30 : 15 gouttes de Larovir ;

– À 10 h 30 : 38 gouttes de Vavomir ;

– À midi : 2 comprimés et demi de Largagmir ;

– Et le soir à 19 h 48 précises : 56 gouttes de Vadormir.

HIPPOLYTE : Et voilà ! L'ordonnance est prête. Cela fera 46 euros.

MADAME DA SILVA : Oh, merci beaucoup Professeur, vous êtes extraordinaire ! Merci. Tenez, une bouteille de porto pour vous remercier.

(La bouteille est posée par le docteur comme un trophée sur le bureau médical.)

LE DOCTEUR : Il ne fallait pas, Madame De Sousa.

MADAME DA SILVA : Mais si, mais si, ça nous fait plaisir !

LE DOCTEUR : Allez, suivez mes prescriptions et vous irez de mieux en mieux. À bientôt.

(Le couple sort.)

LE DOCTEUR : Diagnostic Hippolyte ?

HIPPOLYTE : Démence très évoluée.

LE DOCTEUR : Classique, banal, incurable…

HIPPOLYTE : *(soupirant)* Mmm…

LE DOCTEUR : *(soupirant)* Mmm… C'est déprimant tout cela. La neurologie est déprimante. Tous ces vieillards à longueur de journée… J'ai un coup de blues.

(Le médecin remet le col et les boutons du haut de sa blouse.

Silence.)

LE DOCTEUR : Je n'aime pas les vieux. Ils m'insupportent. M'insupportent ! Vous savez pourquoi mon mari m'a quittée, Hippolyte ?

HIPPOLYTE : Euh, non.

LE DOCTEUR : Parce que je suis vieille ! Vieille. Toute ridée, toute fripée. Je suis moche, laide à vomir ! Je suis comme un œuf au plat dans une poêle à frire… Je suis vieille ! Je suis trop vieille pour lui… Il a pourtant le même âge que moi, mon mari. Mais, vous savez, il est neurologue. Lui, c'est un VRAI neurologue.

HIPPOLYTE : Oui, c'est un homme.

LE DOCTEUR : Il l'exerce tous les jours, la neurologie. Vous comprenez, avoir sous le même toit au quotidien l'exemple d'un délitement cérébral lentement progressif… Alors qu'il voit déjà cela au quotidien dans son cabinet. Il m'a quittée. Lâchement ! Le salaud ! Le salaud !

HIPPOLYTE : Tiens, c'est un mot qui commence par un « S », ça aussi.

LE DOCTEUR : Peut-être qu'il est parti pour une plus jeune.

HIPPOLYTE : Classique, banal, incurable…

LE DOCTEUR : Si cela se trouve, il s'est amouraché d'une petite interne, une blondasse de 25 ans de moins que lui !

HIPPOLYTE : Vingt-cinq ans de moins ? Si votre mari m'avait rencontré, il aurait donc pu tomber amoureux de moi, en quelque sorte…

LE DOCTEUR : En quelque sorte, Hippolyte… en quelque sorte… C'est dur de vieillir…

HIPPOLYTE : Le nombre de neurones intracérébraux décroît avec le temps. Par rapport à un cerveau adulte, un nourrisson a bien plus de connexions synaptiques. Il en produirait même plus que ce dont il a besoin, si je ne m'abuse.

LE DOCTEUR : Eh bien, vous abusez, Hippolyte, vous abusez ! Comme j'aimerais redevenir un enfant, un bébé, un fœtus, un embryon…

HIPPOLYTE : Un embryon n'a pas encore de cerveau opérationnel, Professeur.

LE DOCTEUR : Eh bien, justement ! Justement ! J'aimerais être un embryon. Un embryon ! Et même une cellule. Au moins, je n'aurais pas d'interne sur le dos pour m'embêter toute la journée !

(Hippolyte boude.

Silence.)

LE DOCTEUR : Qu'est-ce qu'il y a, Hippolyte ?

HIPPOLYTE : Rien…

LE DOCTEUR : Vous boudez ?

HIPPOLYTE : Oui, je boude !

LE DOCTEUR : Vous êtes en pleine régression infantile ! Allez, vous bouderez chez vous, ce soir, quand vous rentrerez tout seul dans votre studio.

(Silence.)

LE DOCTEUR : D'ailleurs, moi aussi, je suis seule… Seule et vieille… Vieille et dégénérée…

HIPPOLYTE : Mais vous savez, même à l'âge adulte, le cerveau garde des capacités de renouvellement. Un rat adulte épileptique soumis à des chocs électriques répétés est capable de modifier ses circuits neuronaux et donc de plasticité cérébrale !

LE DOCTEUR : Je n'ai pas tellement envie de tester ces chocs électriques. C'est dur… J'ai le cerveau qui s'effrite, Hippolyte. Je me délite.

HIPPOLYTE : Vous devriez fumer du shit…

LE DOCTEUR : Depuis que mon mari m'a quittée, ça ne va plus. Osons le dire : je déprime.

HIPPOLYTE : La dépression n'est pas une fatalité. Il existe une expérience très intéressante ! On prend des souris clonées, c'est-à-dire ayant le même patrimoine génétique. On les soumet à un stress intense, comme votre divorce par exemple, de façon répétée. Bien qu'identiques génétiquement, les souris ne vont pas toutes réagir pareil ! Il va y avoir deux groupes : un groupe de souris qui va déprimer au long cours et un groupe qui va réussir à refaire surface et à s'adapter. Il existerait ainsi une vulnérabilité épigénétique à la dépression. C'est incroyable, non ? Vous, par exemple si vous étiez une souris, vous seriez dans le groupe vulnérable à la dépression.

LE DOCTEUR : Je ne suis PAS un rat ! Hippolyte ! Pas un rat !

HIPPOLYTE : Une souris, Professeur. Dans l'expérience réalisée, il s'agissait de souris.

LE DOCTEUR : Je ne suis ni une souris ni un rat ! Vous comprenez, Hippolyte ? Ni une souris ni un rat ! Bon sang !

HIPPOLYTE : Pas même un bébé rat ?

LE DOCTEUR : Ni un rat adulte ni un bébé rat ! Ni même un embryon ou une cellule de rat, Hippolyte ! Jamais, je ne serai un rat ! Jamais ! Jamais ! Jamais !

HIPPOLYTE : Pourtant, le rat est très résistant aux expériences de laboratoire.

LE DOCTEUR : Stop, Hippolyte ! Stop ! Je ne suis pas un rat, un point c'est tout ! Je déteste les rats. Vous comprenez ? Je déteste les rats ! Je ne suis pas comme vous un ratologue, je suis une neurologue. N-E-U-R-O-L-O-G-U-E ! Je suis un médecin, un vrai, moi !

(Hippolyte boude.

Silence.)

LE DOCTEUR : Je dois vous avouer quelque chose, Hippolyte : j'ai traversé des moments vraiment pénibles… C'est très difficile, les études médicales. Surtout pour une femme à mon époque. Il fallait se battre. Il fallait avoir la rage. Être discrète et en même temps savoir se faire remarquer, sortir du lot. Comment ? En travaillant d'arrache-pied. Surtout quand comme moi, on n'était pas issu d'une famille de médecins. Il fallait que j'apprenne tout par cœur, seule, à ma table de travail, pendant des heures, des jours, des années et des années sans jamais réfléchir. Et puis, un beau jour, on vous dit, ça y est, tu es médecin ! Tu as ta thèse, tu es une grande. À toi de jouer. Alors tu joues, tu joues avec les malades. Un comprimé de ci, un comprimé de ça. Une infiltration par ci, une petite ponction par là. Ainsi, enfermée dans ton bureau, tu enchaînes les patients, les uns après les autres, jusqu'à l'indigestion. Tu ne sais plus si c'est toi qui les manges ou si ce sont eux, les patients qui te mangent. Suceurs de vie… tels des vampires. Tu travailles, tu écoutes, tu rassures, tu protèges, tu soignes. Jour et nuit, nuit et jour.

(Silence.)

LE DOCTEUR : Et puis, un jour, ton mari te quitte. Alors là, tu lèves le nez. Tu réalises que jusque-là personne ne t'a jamais demandé ce que tu ressentais. Personne ne se soucie de savoir si toi, tu as faim, tu as soif, si tu as chaud, si tu as froid. Si tu as mal, si tu souffres. Si tu doutes, si tu as peur… Peur, toi qui danses avec les maladies incurables. Celles qui font trop boire les malades jusqu'à l'ivresse fatale dans des fêtes mortifères. Et moi, dans tout ça, Hippolyte ? Oui, moi ? Qui suis-je ? Qu'ai-je fait ? Qu'ai-je fait de ma vie ? Le temps a passé. Et là, je me rends compte que ma vie est derrière moi. Je suis vieille, Hippolyte. Je n'ai pas pris le temps d'aimer mon mari ni pris le temps d'avoir des enfants. Moi qui ai combattu si souvent la souffrance, la douleur, la mort, je n'ai pas pris le temps de donner la vie ! J'aurais dû. Maintenant, c'est trop tard. Je suis seule. Seule comme un rat…

(Pleurs du docteur.

Silence.)

HIPPOLYTE : *(attendri)* Vous n'êtes pas seule, Professeur Ciboulot. Vous êtes un grand Professeur. Vous avez l'amour de vos patients. Ils vous aiment, ils ont besoin de vous.

LE DOCTEUR : Moi, là, j'ai besoin d'un verre de porto ! Tenez, Hippo.

(Le docteur sert à l'interne un verre du porto laissé sur le bureau.)

HIPPOLYTE : Merci, Marie-Clotilde.

LE DOCTEUR : Professeur Ciboulot, je vous prie. Pas de familiarité, Hippolyte. Même dans la déchéance !

(Le docteur se met à boire d'un trait deux verres de porto.)

LE DOCTEUR : Excellent ce porto ! N'est-ce pas Hippolyte ? Excellent ! Ah, ils sont tout de même sympas ces Portugais, très sympas, très très sympas. Heureusement qu'ils sont là…

Consultation V

Vendredi

LE DOCTEUR, HIPPOLYTE, MADAME PARPALÉ, SA FILLE, ADRIANA, MONSIEUR LAMBRI

LE DOCTEUR : Bonjour, Hippolyte.

HIPPOLYTE : Bonjour, Professeur.

LE DOCTEUR : Aujourd'hui, je suis pressée. Je n'ai pas le temps d'être de mauvaise humeur. Et encore moins de bonne humeur. Bon, quel jour sommes-nous ?

HIPPOLYTE : Vendredi. Le vendredi, c'est gastro-entérologie.

(Hippolyte remplace la pancarte « NEUROLOGIE » par celle de « GASTRO-ENTÉROLOGIE ».)

LE DOCTEUR : Je suis gastro-entérologue ! Parfait, parfait. Vous irez loin, vous irez loin, mon petit. Allez, ce n'est pas tout, mais : marteau, stétho, boulot ! Zou ! Filez me chercher mon premier patient.

(Une jeune patiente style gothique entre timidement avec sa mère bourgeoise affirmée et surprotectrice. Les deux femmes s'asseyent. L'adolescente mâchant un chewing-gum sort alors son téléphone portable et reste figée dessus.)

MADAME PARPALÉ : Professeur, ma fille va très mal. Depuis 3 mois, elle a très mal au ventre. Et surtout, elle est bizarre.

LE DOCTEUR : Vous êtes de la famille de Monsieur de La Triffe ?

MADAME PARPALÉ : Non, je suis Madame Parpalé. Regardez ma fille. Montre au Docteur, ma chérie !

(La jeune fille mutique s'exécute. Assise sur sa chaise, elle présente d'un coup des mouvements de torsion brefs et répétés de la tête, du cou et du bras droit.)

HIPPOLYTE : Mais, c'est horrible !

MADAME PARPALÉ : Alors, Professeur, que peut-on faire pour elle ? Je suis très inquiète.

LE DOCTEUR : Hum…

MADAME PARPALÉ : Vous savez, je me suis renseignée. J'ai lu sur internet que des pépins de concombre broyés dans une purée de courgette améliorent les mouvements anormaux.

HIPPOLYTE : N'importe quoi !

MADAME PARPALÉ : *(sortant son portable)* Si, si, c'est notifié sur internet !

HIPPOLYTE : (*prenant à son tour son téléphone portable)* Allez alors sur des sites fiables, par exemple « mon médecin dit la vérité. com »

MADAME PARPALÉ : Justement, sur « femme moderne santé. com », il est mentionné que mâcher du chewing-gum est dangereux.

HIPPOLYTE : Ah ?

MADAME PARPALÉ : Si on mange du chewing-gum toute la journée, cela peut engendrer une commotion cérébrale. Qu'en pensez-vous, Professeur ?

LE DOCTEUR : Hum… Cela mérite réflexion…

HIPPOLYTE : Quoi, Docteur ? Mais enfin, vous n'allez pas croire à ses balivernes ?

LE DOCTEUR : Bon, Mademoiselle, allongez-vous.

(La jeune patiente obéit, mâchant son chewing-gum. Elle se met à avoir des tremblements du pied gauche.

Le docteur et Hippolyte se penchent sur elle, l'air pensif.)

HIPPOLYTE : Oui, sur le site de « mon internat c'est sérieux. com », il est recommandé de faire un bilan auto-immun, car un lupus par exemple peut induire des mouvements choréiques.

MADAME PARPALÉ : Incroyable !

HIPPOLYTE : Oui, et sur le site « super-science et vraies recherches du monde. com », il est même rapporté de rares cas en lien avec une infection à streptocoque. Suite à une simple angine passée inaperçue dans l'enfance, on assiste au développement d'anticorps dirigés contre le streptocoque, mais aussi contre certaines parties du cerveau par mimétisme moléculaire. D'où les mouvements anormaux ! On peut même doser ces anticorps : « *antibasal ganglia antibody* » en envoyant un tube de sang dans un laboratoire de recherche en Grande-Bretagne.

MADAME PARPALÉ : Stupéfiant !

HIPPOLYTE : Vous savez, Professeur, maintenant, on est entré dans l'aire de l'IA !

LE DOCTEUR : L'IA ?

HIPPOLYTE : Oui, l'Intelligence Artificielle. Elle va nous aider pour tout et en particulier pour sélectionner les bons sites, pour avoir les bonnes informations et avoir accès à la vraie science !

LE DOCTEUR : La vraie science ? Par un robot ? Voyez-vous, Hippolyte, la médecine du savoir est en train d'être remplacée par la médecine de la technologie.

MADAME PARPALÉ : Stupéfiant !

HIPPOLYTE : Oui, c'est fabuleux. Et vient d'arriver ChatGPT, pour tout savoir en un clic !

LE DOCTEUR : Je n'ai pas besoin d'une machine pour penser pour moi.

HIPPOLYTE : Une question ? Et hop, ChatGPT vous sort une dissertation de 10 pages ! Incroyable.

LE DOCTEUR : Ce ChatGPT va manger vos petites souris et autres rats que vous aimez tant, Hippolyte !

HIPPOLYTE : *(s'adressant au public)* Le professeur n'a rien compris !

LE DOCTEUR : Ce que j'ai compris c'est que ce ChatGPT va non seulement avaler vos rongeurs, mais aussi nous dévorer tout cru, nous, les humains !

MADAME PARPALÉ : *(ne comprenant rien)* Et les concombres et les chewing-gums aussi ?

LE DOCTEUR : Hélas, aussi, Madame Parpalé.

MADAME PARPALÉ : Stupéfiant !

(Elle attrape alors dans son sac un chewing-gum qu'elle se met à mâcher lentement. Sa fille se met à trembler de plus belle.)

LE DOCTEUR : « Stupeur et tremblements », en effet Hippolyte. Allez, sortez !

(La mère sort de la pièce, mâchant toujours son chewing-gum.)

HIPPOLYTE : Ah vous voyez, la mère avec ses sornettes sur ses commotions cérébrales, son chewing-gum et ses concombres, elle dit n'importe quoi ! Encore une qui ne comprend rien à l'informatique et qui aurait bien besoin de l'IA.

LE DOCTEUR : J'ai dit, sortez ! Vous aussi Hippolyte !

(Hippolyte sort, vexé et boudeur. La fille reste allongée sur le lit avec ses mouvements anormaux, ne lâchant pas du regard son téléphone portable.)

LE DOCTEUR : Venez vous asseoir à mon bureau, jeune fille.

(Silence.)

LE DOCTEUR : Alors que s'est-il passé dans votre vie ?

LA FILLE : Rien…

LE DOCTEUR : Rien ?

(Silence.

L'adolescente lève enfin les yeux de son téléphone portable et regarde le médecin.)

LA FILLE : Enfin… il y a quelque temps, j'ai subi des violences…

(Silence.)

LA FILLE : *(en pleurs)* Un camarade de classe m'a agressée, mais c'est rien, Docteur.

LE DOCTEUR : Et ?

LA FILLE : Et c'était une période horrible de ma vie, cet élève m'a harcelée verbalement puis après, il m'a violentée. Cela a duré 2 ans pleins.

LE DOCTEUR : Vos parents sont au courant ?

LA FILLE : Non. Je ne leur en ai jamais parlé. Mais c'est rien.

LE DOCTEUR : Et ?

LA FILLE : Et je me suis arrangée pour changer d'école et me débarrasser de cette relation toxique.

LE DOCTEUR : Vous êtes forte et courageuse. Si vous avez réussi cela, vous arriverez à vous débarrasser de vos mouvements anormaux et de vos tremblements. C'est le corps qui parle et ce que vous avez vécu, ce n'est pas rien. C'est important. Il va falloir vous faire aider. Allez voir cette psychologue de ma part. Vous verrez, d'ici quelques mois, vous irez mieux.

(Le docteur tend une carte.)

LA FILLE : *(toujours tremblante, séchant ses larmes)* Merci Docteur et svp, n'en parlez pas à ma mère.

(Le médecin fait rentrer la mère très inquiète et Hippolyte énervé. L'adolescente reprend sa posture timide, penchée sur son portable.)

MADAME PARPALÉ : Alors Professeur ? C'est grave ?

LE DOCTEUR : Oui.

HIPPOLYTE : *(moqueur)* Stupéfiant !

MADAME PARPALÉ : J'en étais sûre ! Que faire ?

LE DOCTEUR : J'ai LA solution !

HIPPOLYTE : Le dosage des anticorps « *antibasal ganglia* » !

(Le docteur rédige une ordonnance et la tend à Hippolyte.)

HIPPOLYTE : (*qui lit attentivement à voix haute)* Trois cuillères à soupe matin, midi et soir d'extraits de pépins de concombre broyés mélangés à du petit lait. Quoi ?

MADAME PARPALÉ : Ah, je le savais ! Merci Professeur.

LE DOCTEUR : D'ici 3 mois, votre fille sera guérie, faites-moi confiance. *(S'adressant à la fille*) N'est-ce pas, Mademoiselle ? *(S'adressant de nouveau à la mère)* Mais respectez bien ma prescription.

MADAME PARPALÉ : Merci ! Encore merci !

LE DOCTEUR : Hippolyte !

HIPPOLYTE : Euh… 46 euros, Madame…

(La mère et la fille tremblante sortent.)

HIPPOLYTE : (*offusqué)* Quoi, Professeur, comment avez-vous pu ? Ce n'est pas possible ! C'est de la poudre de perlimpinpin ! Vous ne pouvez pas prescrire ces concoctions d'un autre âge ?

LE DOCTEUR : Et bien si !

HIPPOLYTE : Mais… mais vous n'allez pas bien du tout ! Vous m'inquiétez, vous êtes dépressive !

LE DOCTEUR : Eh bien oui, si vous voulez, je suis dépressive !

HIPPOLYTE : Mais c'est… c'est malhonnête ! Vous êtes un charlatan ou plutôt une charlat-âne ! Vous abusez de la confiance des gens. Ce que vous avez fait est un acte scandaleux, une escroquerie, un mensonge, une manigance ! Vous êtes vraiment…

LE DOCTEUR : Vous me fatiguez Hippolyte. Je suis sous pression permanente, vieille, moche et délaissée par mon mari, alors appeler ma prise en charge comme bon vous semble… je m'en fiche et je m'en contre fiche !

(Silence.

On frappe au bureau du médecin.)

LE DOCTEUR : Entrez.

ADRIANA : (*accent russe prononcé)* Bonjour. Moi, chez Professeur Ciboulot ?

LE DOCTEUR : Le ménage a déjà été fait hier soir. Vous êtes la nouvelle femme de ménage ?

ADRIANA : Oh, non, Professeur. Je suis impatient.

LE DOCTEUR : On ne dit pas « impatient », mais « un patient » !

HIPPOLYTE : *(charmé)* D'ailleurs, une patiente en l'occurrence.

ADRIANA : Oh, non pas un patient ni une patiente.

HIPPOLYTE : C'est peut-être une interne en médecine ?

LE DOCTEUR : Quoi ? Avec un accent pareil ?

ADRIANA : Moi russe. Je être impatient de dire vous que…

LE DOCTEUR : Quoi ? Ne me dites pas que vous êtes encore un médecin des pays de l'Est venu envahir les hôpitaux français et manger le pain de nos pauvres petits internes ? Retournez en Tchéquie !

HIPPOLYTE : En Russie, Professeur. Et puis, je vous signale que justement tous ces médecins venus des pays étrangers n'ont pas la reconnaissance qu'ils devraient avoir. Ils sont le plus souvent très diplômés, ont déjà beaucoup d'expérience dans leur pays, sont bilingues ou trilingues et le système de santé français les exploite, ils sont sous-payés et…

LE DOCTEUR : Taisez-vous Hippolyte ! Vous me fatiguez ! Pourquoi venir en France, Mademoiselle ? Restez chez vous en Slovaquie ! La France va mal, horriblement mal, elle est en crise ! La France est malade, très malade !

HIPPOLYTE : Cela vous permet d'en vivre, Professeur.

ADRIANA : Non, Professeur. C'est erreur de penser tout cela. Moi, pas interne ni femme ménage. Moi, pas malade non plus.

LE DOCTEUR : Expliquez-moi alors votre présence ici ?

ADRIANA : Eh bien, c'est délicat... Moi, être venue pour dire à vous un secret.

LE DOCTEUR : Un secret ?

HIPPOLYTE : (*toujours sous le charme)* Un secret ?

ADRIANA : Oui, moi... euh... comment on dit chez vous... moi, maîtresse...

LE DOCTEUR : Ah ! Institutrice, c'est vrai que c'est un métier ingrat, tous ces sales gosses toute la journée à supporter... ma pauvre !

HIPPOLYTE : (*prenant à parti le public)* Elle a bien dit « maîtresse » et non « institutrice »...

(Adriana est embarrassée.)

LE DOCTEUR : Voyons, Mademoiselle, n'ayez pas honte ! Il n'y a pas de sot métier : institutrice, maîtresse...

HIPPOLYTE : Enfin, elle n'a pas dit de qui elle était la maîtresse...

LE DOCTEUR : Que voulez-vous dire ?

(Adriana de plus en plus gênée.)

HIPPOLYTE : La situation est très embarrassante, je le crains.

LE DOCTEUR : Hum, c'est vrai qu'avec votre accent tchèque.

ADRIANA : Russe, moi être russe, Professeur.

LE DOCTEUR : Et avec votre joli petit minois innocent, vous pourriez presque plaire… à n'importe quel jeune premier…

(Hippolyte, tout rouge, se trémousse sur sa chaise.)

LE DOCTEUR : Ou à…

ADRIANA : À votre mari par exemple. Monsieur charmant, c'est sûr…

LE DOCTEUR : Quoi ? Mon mari ! Charmant ? Cela se voit que vous ne le connaissez pas !

HIPPOLYTE : Je crois qu'elle essaie de vous faire comprendre l'inverse…

LE DOCTEUR : Hippolyte, je ne vous ai rien demandé !

ADRIANA : Oui, je… moi être la maîtresse de…

HIPPOLYTE : De ?

LE DOCTEUR : De ?

ADRIANA : Oui, je… moi être la maîtresse de… enfin du… du mari de vous !

HIPPOLYTE : Bingo ! Il en a de la chance.

LE DOCTEUR : Pardon ? Mais, c'est impossible ! Impossible ! Depuis quand mon mari s'intéresse aux femmes ?

HIPPOLYTE : Ben, vous êtes une femme…

LE DOCTEUR : Justement, je suis SA femme, et il ne me voit plus, ne me considère plus. Je suis un fantôme pour lui. Alors, qu'il soit épris d'une jeune femme roumaine, vulgaire et ne parlant pas français !

ADRIANA : Russe, Professeur, moi être russe.

LE DOCTEUR : Et puis vous n'êtes pas du tout son style. Vous la trouvez jolie, vous, Hippolyte ?

HIPPOLYTE : *(rêveur)* Ah, le charme des pays de l'Est…

LE DOCTEUR : Oui, eh bien, vous, vous êtes complètement à l'ouest, mon cher Hippolyte !

HIPPOLYTE : Et vous, vous êtes complètement déboussolée, Professeur Ciboulot !

LE DOCTEUR : Oui, je perds le Nord. Mon mari avec elle, c'est impossible ! Et puis, on se connaît à peine. Votre nom, Mademoiselle, je vous prie ?

ADRIANA : Adriana, Professeur.

DOCTEUR : Et moi, je suis Michèle Cimes !

HIPPOLYTE : *(charmé)* Ah, les pouvoirs extraordinaires du corps humain…

ADRIANA : Surtout celui de votre mari.

LE DOCTEUR : Cela suffit, Adriana !

ADRIANA : Désolée, vraiment, Professeur. Mais, moi honnête femme. Plus vivre dans mensonge et cachée. Moi venir vous dire que mari à vous et moi, c'est la passion.

LE DOCTEUR : Non, on ne dit pas « la passion », mais « le patient », Adriana, « le patient » ! Allez, oust ! Sortez !

HIPPOLYTE : Cela fera 46 euros, Adriana.

LE DOCTEUR : Non, pour elle, c'est gratuit. Dehors !

(Adriana remercie de la tête et sort.)

LE DOCTEUR : LE patient, LE patient !

HIPPOLYTE : Oui, LE patient, Professeur, LE patient.

(Silence.

Le médecin, dépité, sort quelques instants, Hippolyte reste seul.

Le docteur, ayant retrouvé son visage impassible et froid, revient dans la pièce comme s'il ne s'était rien passé.)

LE DOCTEUR : On est vendredi, c'est gastro-entérologie et c'est aussi ?

HIPPOLYTE : Le dernier jour de la semaine, Professeur.

LE DOCTEUR : Exactement ! Vous irez loin mon petit Hippolyte, vous irez loin. Le vendredi, c'est en effet le dernier jour de la semaine et j'en suis à mon dernier patient avant le week-end. À ce titre Hippolyte, je vous ai réservé une petite surprise… Faites entrer le malade.

HIPPOLYTE : Le voilà.

LE DOCTEUR : Ah ! Monsieur Lambri ! Il y avait longtemps ! Asseyez-vous. Quel mauvais vent vous amène ?

MONSIEUR LAMBRI : *(se tortillant de douleur)* Je vous l'ai déjà dit, j'ai mal aux fesses. Je n'en peux plus ! Aidez-moi, Docteur !

LE DOCTEUR : Arrêtez de vous tortiller comme un serpent ! Un peu de sang-froid, Monsieur Lambri. Vous avez de la chance aujourd'hui, c'est le jour de la gastro-entérologie. Et à ce propos, j'ai une excellente nouvelle à vous annoncer ! Ce vendredi, je vous laisse tout seul avec mon interne. C'est LUI qui va vous examiner, ce petit chanceux. C'est sa récompense !

HIPPOLYTE : Hum…

LE DOCTEUR : Il va très bien s'occuper de vous, Monsieur Lambri. C'est un étudiant brillant qui ira loin et qui a déjà au moins une semaine entière d'expérience à mes côtés. Je lui fais PARFAITEMENT confiance !

MONSIEUR LAMBRI : Vous croyez ?

HIPPOLYTE : Hum…

LE DOCTEUR : Allez, Hippolyte, vous qui aimez réfléchir, cette matinée est pour vous ! Je vous laisse examiner non pas un rat, mais un humain, un VRAI ! Et je vous confie mon patient le plus fidèle ! Je m'en vais.

HIPPOLYTE : Vous croyez ?

LE DOCTEUR : Oui. Je reviens vous voir d'ici une petite heure et vous me ferez un beau diagnostic. N'oubliez pas Hippolyte, le sens clinique, l'observation. La médecine, c'est l'O-B-S-E-R-V-A-T-I-O-N !

(Le médecin sort puis revient aussitôt.)

LE DOCTEUR : Et n'oubliez pas le TR : Toucher Rectal, mon petit ! Le TR !

(Le docteur sort souriant de la pièce. L'interne intimidé se retrouve seul face au patient qui gesticule dans tous les sens.)

HIPPOLYTE : Allez, marteau, stétho, boulot ! Euh… quel bon vent vous amène, Monsieur ?

MONSIEUR LAMBRI : *(exaspéré)* J'ai mal au derrière ! Je dois avoir des hémorroïdes ! Il faut que je vous le répète combien de fois ?

HIPPOLYTE : Ben… je ne sais pas… Ce n'est pas si simple…

MONSIEUR LAMBRI : Bon, alors, qu'est-ce que je fais, moi ?

HIPPOLYTE : Eh bien, je vais vous examiner. Pouvez-vous vous allonger sur la table d'examen, s'il vous plaît ?

MONSIEUR LAMBRI : Je me déshabille ? J'enlève tout ?

HIPPOLYTE : Ben… si ça vous fait plaisir… Enfin, gardez votre slip pour le moment, par pitié !

(L'interne examine soigneusement le patient en osant à peine le toucher. Il mobilise lentement chaque partie du corps en commençant par les pieds, les jambes, les cuisses, les mains, l'abdomen en remontant jusqu'à la tête, l'air dubitatif.)

MONSIEUR LAMBRI : Alors, Docteur ?

HIPPOLYTE : Ben… euh… Ce n'est pas si simple…

(Hippolyte farfouille sur son téléphone portable puis dans son livre médical d'urgence.)

MONSIEUR LAMBRI : Vous me prescrivez quoi pour me soulager ?

HIPPOLYTE : C'est-à-dire qu'il faut d'abord établir le diagnostic.

MONSIEUR LAMBRI : Ah ?

HIPPOLYTE : Pour cela, je vais vous programmer un bilan biologique avec… euh… une numération-formule, un ionogramme, euh…

MONSIEUR LAMBRI : Euh, quoi ?

HIPPOLYTE : Euh, ensuite je pense qu'il faut faire une échographie hépatique, un scanner abdominal. Puis, euh… il faut compléter par une fibroscopie digestive haute et une fibroscopie par voie basse.

MONSIEUR LAMBRI : Je n'entends rien. Vous pouvez élever la voix ?

HIPPOLYTE : (*en hurlant)* Une fibroscopie par voie basse !

MONSIEUR LAMBRI : Ah ?

HIPPOLYTE : Une coloscopie, si vous préférez.

MONSIEUR LAMBRI : Et ?

HIPPOLYTE : Et euh… un nouvel examen ultraperformant qu'on appelle un PETSCAN. C'est un outil d'imagerie par scintigraphie nucléaire qui détecte tout ce qui n'est pas visible sur les examens précédents.

MONSIEUR LAMBRI : Alors pourquoi les fait-on, ces examens précédents ?

HIPPOLYTE : Parce que c'est comme ça. Seule la confrontation de tous ces examens permet de poser un diagnostic fiable.

MONSIEUR LAMBRI : Waouh !

(Le docteur revient dans la salle en ouvrant bruyamment la porte. Hippolyte sursaute de peur.)

LE DOCTEUR : Alors, mon petit Hippolyte ? Observation, conclusion. Quel est votre diagnostic ?

HIPPOLYTE : C'est complexe ! Je lui ai prévu une prise de sang complète, un scanner abdo, une fibro, une colo et un PETSCAN.

LE DOCTEUR : C'est quoi, ça ? Un scanner pour animaux de compagnie ?

HIPPOLYTE : Un PETSCAN, Professeur. Et, euh… ah, oui, j'allais oublier, je lui ai bien sûr prescrit une écho hépatique !

LE DOCTEUR : Mmm… Cela ne fait pas un peu beaucoup, Hippolyte ?

MONSIEUR LAMBRI : Oui, surtout pour des hémorroïdes…

LE DOCTEUR : Mmm… Vous êtes quoi, Hippolyte ?

HIPPOLYTE : Interne, Professeur.

LE DOCTEUR : Et moi, je suis quoi ?

HIPPOLYTE : Professeur, Professeur.

LE DOCTEUR : Eh bien, c'est toute la différence entre vous et moi ! Je vais vous montrer. On ne vous apprend pas ça dans les télé-visio-méga-conférences zoom-badaboum de votre université, ou sur votre ChatGPT, vous qui avez été sélectionné au concours de l'internat par des QCM corrigés par un robot. Venez avec moi, Docteur « e-santé » junior. Observez-moi bien, Monsieur QCM ! Observez !

(Le médecin se penche sur le patient et lui abaisse la paupière inférieure de l'œil.)

LE DOCTEUR : Observation : sa paupière inférieure est bien pâle. Conclusion ? Ce patient présente une anémie ferriprive de déperdition par voie basse.

HIPPOLYTE ET MONSIEUR LAMBRI : Ah ?

LE DOCTEUR : Vous sentez, Hippolyte ? Vous sentez ?

(Le médecin renifle fortement.)

LE DOCTEUR : Ça sent le cancer colorectal à plein nez, ça !

(Le médecin appuie brutalement sur la partie droite de l'abdomen du patient.)

MONSIEUR LAMBRI : Aïe ! Arrrggg !

LE DOCTEUR : Observation, conclusion : métastases hépatiques !

HIPPOLYTE : (*admiratif*) Ah ?

LE DOCTEUR : Alors, Monsieur Lambri, quel jour sommes-nous ?

MONSIEUR LAMBRI : Vendredi, enfin !

LE DOCTEUR : Dans quel lieu sommes-nous ? Dans une école ? Un supermarché ?

MONSIEUR LAMBRI : Dans un cabinet médical !

LE DOCTEUR : Et ça, comment cela s'appelle ?

MONSIEUR LAMBRI : Une montre, chef !

LE DOCTEUR : Et ça ?

MONSIEUR LAMBRI : Un stylo, chef !

LE DOCTEUR : *(montrant le capuchon du stylo)* Et ça ?

MONSIEUR LAMBRI : Un bouchon.

LE DOCTEUR : Faux ! C'est un capuchon, Monsieur Lambri. Un capuchon ! Observation : erreur de dénomination, troubles cognitifs. Conclusion : métastases cérébrales. Alors, Hippolyte ? Diagnostic final pour Monsieur Débri, euh, Lambri ?

HIPPOLYTE : Euh…

LE DOCTEUR : Il s'agit d'un cancer colorectal compliqué de métastases hépatiques ET cérébrales ! Et voilà !

HIPPOLYTE : (*admiratif*) Selon la classification internationale de l'OMS : Organisation Mondiale de la Santé, c'est un stade 4, Professeur !

LE DOCTEUR : Stade 4 sur une échelle de 0 à… 4, je sais.

HIPPOLYTE : Sur le plan statistique, la médiane de survie d'un stade 4 est extrêmement basse.

MONSIEUR LAMBRI : Et c'est grave, Docteur ?

HIPPOLYTE : Oui ! C'est grave, TRÈS grave !

LE DOCTEUR : Ah ! Ah ! Ah ! Ce n'est pas ça qui va vous faire peur, mon pauvre Lambri !

MONSIEUR LAMBRI : Ben, un peu quand même.

LE DOCTEUR : J'ai LE traitement qu'il vous faut : une petite chirurgie de rien du tout puis 5 séances de chimiothérapie à 5304 euros la séance et hop ! Vous doublez votre espérance de vie, Monsieur Lambri ! Vous vous rendez bien compte, vous la doublez !

HIPPOLYTE : Oui, vous passez d'une survie de 3 mois à… 6 mois. C'est horrible.

LE DOCTEUR : Cessez vos jérémiades émotionnelles, Hippolyte. Sinon, vous ne passerez pas l'année.

HIPPOLYTE : Oui, mais quand même, Professeur, c'est horrible ! C'est un pronostic redoutable !

LE DOCTEUR : Effroyable, en effet. Très, très mauvais pronostic. Vous fumez, Monsieur Lambri ?

MONSIEUR LAMBRI : Non.

LE DOCTEUR : Eh bien, maintenant, vous pouvez, Monsieur Lambri, vous pouvez…

MONSIEUR LAMBRI : Docteur, c'est terrifiant !

LE DOCTEUR : Vous n'aimez pas les embrouilles, Monsieur Lambri ? Je vais être franche.

MONSIEUR LAMBRI : Oui, je veux savoir, Docteur !

LE DOCTEUR : Pour tout vous dire… vous êtes… venu trop tard, Monsieur Lambri. Vous êtes venu trop tard !

MONSIEUR LAMBRI : Trop tard ?

LE DOCTEUR : Oui, il fallait venir me voir plus tôt, je vous l'avais dit.

HIPPOLYTE : Pris précocement, le pronostic est complètement différent ! 90 % des patients survivent, mais là… À votre stade, seuls 13 % des patients atteints sont encore en vie à 5 ans.

LE DOCTEUR : Vous connaissez le célèbre dicton, Hippolyte ? « Trop tôt, petits bobos, trop tard, corbillard » !

HIPPOLYTE : Monsieur Lambri, vous êtes venu bien trop tard…

LE DOCTEUR : Bien trop tard… Vous savez ce qu'on dit Hippolyte ? « Vendredi, à la dérive, week-end arrive »… Adieu, Monsieur Lambri.

HIPPOLYTE : Cela fera 46 euros, cartes bancaires et chèques non acceptés. Adieu, Monsieur.

(Le médecin et Hippolyte s'en vont bras dessus, bras dessous, laissant le patient recroquevillé sur lui-même dans le cabinet médical.)

HIPPOLYTE : Il est venu trop tard, oui, bien trop tard…

LE DOCTEUR : Une petite partie de golf avec moi, ce week-end, Hippolyte ?

HIPPOLYTE : Volontiers, Professeur Ciboulot. Volontiers.

LE DOCTEUR : C'est bien. Vous irez loin Hippolyte.

HIPPOLYTE : J'irai loin, Professeur.

LE DOCTEUR : On ira loin, on ira loin…

Remerciements

À Olivier Lejeune pour sa bienveillance, son soutien, sa confiance et son talent.

Au Docteur Jean-Luc Zerbib pour sa relecture avisée, ses compétences médicales et ses qualités humaines.

À Pif, Hercule, Dingo, Donald, Boule et Bill, Gotlib, Didier Comes et tous les autres personnages réels ou non qui ont forgé mon imagination enfantine.

À tous ceux qui croient (encore) en moi.

Imprimé en Allemagne
Achevé d'imprimer en novembre 2023
Dépôt légal : novembre 2023

Pour

Le Lys Bleu Éditions
40, rue du Louvre
75001 Paris

www.ingramcontent.com/pod-product-compliance
Lightning Source LLC
Chambersburg PA
CBHW062344010826
49168CB00024B/253

* 9 7 9 1 0 4 2 2 1 4 4 5 6 *